ナチスに抗った教育者

ライヒヴァインが願ったこと

對馬 達雄

表紙写真＝ライヒヴァインと子どもたち。
提供＝ライヒヴァイン・アルヒーフ

岩波ブックレット No. 1098

はじめに――ライヒヴァインとは

「教授先生だって？　なんといってもあの先生はわしらの子どもたちを自由にしてくれたよ」。これは一九五〇年代初め、小さな村を訪れた研究者に住民が語ったことばである。話題の主はもうこの世にはいない。名前をアドルフ・ライヒヴァイン（一八九八～一九四四）という。

ライヒヴァインはワイマル期ドイツ（一九一九～三三年）に芽生えた、若い労働者・農民の教育〈民衆教育〉の普及につとめ、新設の教育大学の教授として活躍した人物である。その後も当時、新技術の映像を活用したメディア教育の創始者、学校教育と博物館の展示活動をつなげた博物館教育の先駆者として足跡を残している。それにもまして今日では、彼はナチス（国民社会主義ドイツ労働者党の略称）に抗い、処刑された教育者として知られている。

本書は、そうしたライヒヴァインがナチスの時代に例のない、子どもたちをナチス教育から守る〈教育の砦〉を築いたことについて、述べてみよう。

ライヒヴァインは確信的な平和主義者、民主主義者であった。史上初の基本的人権と民主主義を掲げるワイマル共和制は、彼には守り育てるべきものであった。だが極右ナチ党はそれを全面的に否定し、人種による差別と他国への侵略を公言していた。それゆえ国民に支持され誕生したとはいえ、ヒトラー独裁制を彼は徹底的に嫌った。自分より九歳年長のヒトラーが同名のアドルフであったから、友人や妻にあてた手紙にはいつも「エードルフ」と署名したほどである。

ナチス体制は内部からではなく、連合国軍に無条件降伏（一九四五年五月七日）して崩壊したのだが、それでも前年の四四年七月には、ヒトラーを暗殺して体制転覆をはかる大事件（「七月二〇日事件」）が起きており、これにライヒヴァインも連座した。彼はナチス後のドイツの文部大臣に予定されるなど、反ヒトラー市民グループの主要メンバーであったからだ。

その一方で彼は人道的信念から、たとえ相手がヒトラーであっても暗殺には反対し、裁判を主張しつづけた。だが国内の崩壊を食い止め絶滅戦争を終わらせるために、自身の死をもって罪をあがなう覚悟で、最終的には暗殺計画に同意した。

アドルフ・ライヒヴァイン．1944 年春．

一九四四年一〇月二〇日、ライヒヴァインは国家反逆者として処刑された。報復は過酷なもので、遺体は焼却されて遺灰はばらまかれた。遺族には死亡を公にすることも禁じられた。存在したことまで抹殺されたのである。

ドイツ社会ではナチス支配の一二年間で、監視と密告が日常化した。ナチス政権によってライヒヴァインは早々に教授職を追われた。もちろん彼だけではない。ドイツの大学教師全体の三分の一が職を追われ、二〇〇〇人以上が国外に亡命した。だがライヒヴァインはあえてドイツにとどまったために、彼の行動と生活にも、おのずと表と裏の部分が生じた。そうしたなかで彼はベルリンに近い寒村の国民学校(八年制の初等学校で所在により都市学校、農村学校と呼称)の教師となって六年余を過ごした。その後、三九年五月からベルリンの民族学博物館に新設された博物館教育の仕事をしながら、ひそかに政治的な抵抗者としてヒトラー以後の新秩序づくりにかかわっていく。結果、彼は逮捕、処刑された。享年四六。ナチスドイツ崩壊半年有余前のことである。

読者はここまで読んで、なぜライヒヴァインが体制に同調を装ってドイツにとどまったかを疑問に思わなかっただろうか。亡命の機会をみずから絶って、彼は何をしようとしたのだろうか。

ここで冒頭の住民のことばを思い浮かべてほしい。子どもたちを「自由にしてくれた」とは、「ナチスの強制から解放してくれた」ということである。ライヒヴァインには、ヒトラー万歳を叫ぶ大人の世界は耐えがたかった。そうした現実があるからこそ、未来のドイツに生きる子どもたちの大切な魂を、教育によって救おうと全力で活動した。

ティーフェンゼーという小さな村の国民学校で、彼は技術化・分業化の進む産業社会の将来をみすえ、子どもたちが〈学力〉を向上させ、ヒトラー独裁制に無批判に適応しない〈主体的な自己〉を形成することを願って、彼らと〈開かれた教育共同体〉を築いていく。それこそが〈教育の砦〉なのだ。じじつ、抵抗者ライヒヴァインの脳裏には、終生その活動の思い出が息づいていた。

以下、ナチスに抗する実際の姿を明らかにしていこう。

I　ナチスのドイツにとどまる

ワイマル民主制を擁護する

ここで青年期のライヒヴァインについて述べておこう。

彼の思想形成に大きな影響を与えたものが二つある。第一次大戦時に志願兵（ギムナジウム修了の一八歳）となり、西部戦線の最前線で塹壕体験をした。このとき肺と腕に重傷を負い、一年三カ月余も陸軍病院で過ごす。この体験から、フランクフルト大学に進学したライヒヴァンは、戦争と暴力を否定する絶対的な平和主義者の道をみいだした。これが一つである。さらに西部戦線での従軍中、戦友仲間に出身階級の違いで教養を得る機会が閉ざされていることを痛感し、ワイマル新国家に民主制を根づかせるには国民を分断する〈教養の溝〉を解消する必要があると考えた。これが二つ目である。

とくに〈教養の溝〉を解消するという問題意識は、ライヒヴァインの行動を決定づけることになる。彼はマールブルク大学に転学後、同世代の大学生や若い農民、若い労働者たちと協力した文化活動＝「学習共同体」を立ち上げた。さらにそれをモデルに「民衆大学」（労働者幹部を養成する二年間の夜間課程）の組織づくりを提唱し、大企業ツァイス社の支援を得て、彼自身もイエナ民衆大学の校長（一九二五〜二九年）として精力的に活動していた。

この間、大きな悲しみがあった。彼はマールブルクで学位取得（提出した論文は『一八世紀の中国とヨーロッパ』）が決まり、学生結婚していた。その後イエナ民衆大学に赴任する直前に、二歳の一人息子が庭の天水桶で遊んでいて溺死する悲運に見舞われた。やがてこの出来事が重荷になり、結婚生活は破局をむかえる。ライヒヴァインはこの不幸を振りはらうように、イエナ民衆大学の労働者教育の仕事に集中していた。

当時ドイツ共和国の文相はオリエント学者として名高いカール・H・ベッカーであった。彼は未熟なワイマル共和制を担う人材を全国に求め、かねてよりライヒヴァインの活動に注目していた。またライヒヴァインがオリエント学の同学者であることに親しみをいだいていた。それに加えて、ベッカーはワンダーフォーゲル（一九一〇年代ドイツに普及した青少年の自然愛好と質素な徒歩旅行）の体験で育まれた責任感や指導力、日夜自己研鑽につとめる彼の人柄を知るにおよんで信頼を深めた。やがて彼は「父親のような友人」としてライヒヴァインを支援し引き立てた。

ベッカーはライヒヴァインをほぼ一年間（一九二六〜二七年）、「原材料の分配」をテーマに世界経済の研究調査旅行（北米、カナダ、メキシコ、中国、日本、フィリピンなど）に派遣し、知見を広めさせた。ライヒヴァインはマールブルク大学時代から歴史と経済学を修学してきたが、この旅行を契機に経済学の大著や論文を次々著し、若手経済学者として知られる存在になっていた。さらにグローバルな視野と開かれた世界認識（諸国民の協調・協力関係の増進）を固い信念としていだくようになった。その意味でもナチ党が唱える「自給自足経済」（＝戦争を前提に、食糧と原材料を外国に依存しない経済）と、彼の立場とは正反対である。

ベッカーはさらに二九年から彼を文相秘書兼広報室長に抜擢し、教育改革の重要課題となっていた教育大学創設の作業にも加えた。この間の事情について少し述べておくことにしたい。

一九世紀末から、ドイツでも旧態依然の教育を改造する新しい思想や実践が大きな潮流となっていた。これを新教育運動あるいは改革教育運動という。この潮流を先導した国民学校教師にライヒヴァインの父、カール・ライヒヴァイン(生年不詳、一九五八年死亡)がいる。農村出身の彼は教育革新団体の主要メンバーであるとともに地域農民の啓蒙や生活指導にもあたり、地域になくてはならない人でもあった。

ライヒヴァインはその父を教師として四年生まで学び、五年生からは指導の補助をしながら上級課程について自学していた。そうした彼を、貧しいなか教会のオルガン弾きをしながらギムナジウムに進学させてくれたのは父カールであり、一五歳のとき今後の生き方のためになると、ワンダーフォーゲルの活動に加わるようにすすめたのも父であった。このように人生の行路を示してくれた父を、彼は終生敬愛していた。

ライヒヴァインは父から初等教育界の実情を学ぶ一方、新教育運動について自学しその動向にも注目していた。ベッカー文相がライヒヴァインを教育大学の創設作業に参加させたのも、彼が初等教育界の実情や新たな教育改造の動静に詳しいことを知っていたからである。

普及初期のワンダーフォーゲルキャンプの情景.

教育大学は、従来の初等教員養成所《レーラーゼミナール》と異なり、ギムナジウム修了を入学条件とする、学術的な教育アカデミー（宗派別・二年間の専門教育に二～五年間の試用期間）の名称で発足した（「大学」の名称は既存大学に反対された）。だがドイツ経済は深刻な危機のなかにあり、共和国政府は左右両翼の反対勢力から攻撃され、共和制打倒のうねりに揺らいでいた。そうした荒波を受けての門出である。

教育アカデミーは財政難のなか一五校設立されるが、ライヒヴァインは三〇年二月最後に設立されたハレ教育アカデミーの歴史・公民科担当の教授に任命された。恩人ベッカーは同年一月文部省を去ったが、その置き土産が彼の教授職だったのだろう。ライヒヴァインが注力したのは、将来の国民学校教師が共和制の維持と建設の担い手として政治教育の役割をしっかり認識するということであった。さらに彼が中心になってハレ教育アカデミーでは、農村学校の教育実習の指導が重視されることになった。これがワイマル期のライヒヴァイン最後の仕事である。

一九三〇年は大不況を追い風に、ナチ党が大衆政党に大きく躍進し、共和国の政治的危機が深まった年である。すでにナチスの学生組織「ナチス学生同盟」も全国の大学学生会の最大組織となり、ワイマル共和制を攻撃し、大学からのユダヤ人排除を叫んでいた。この勢力によって、精神的・政治的な自立をめざす教育アカデミーの教育理念を公然と攻撃する運動も始まった。三二年七月総選挙でナチ党はついに議会の第一党となり、政権を要求する位置に立った。

ライヒヴァインが三〇年一〇月に社会民主党に入党したのも、この政党だけが民主的憲法と議会制度を擁護できるとみて、ナチスへの対抗姿勢を示そうとしたからである。だが彼の行動はその後、処分のための恰好の口実になった。

一九三三年四月には「公務員再建法」が制定され、ライヒヴァインは新たな権力者によってハレ教育アカデミーの教授職を解任される。

ここでライヒヴァインの逸話めいた行動について挙げておこう。二九年七月に彼は小さな合板製のスポーツ用飛行機を購入した。もちろん操縦資格をとってのことである。四〇馬力星型エンジンのトンボの形をした小型機だが、彼にとってかけがえのない愛機であった。だがナチスが政権をとると、機体に党のシンボル鉤十字の印を付ける指示が出された。彼はそれを我慢できず、涙をのんで愛機を手放した。それほどナチ嫌いであったのだ。

「飛行機教授」の異名をとったライヒヴァインと愛機「銀雲号」.

亡命か国内にとどまるか

ライヒヴァインは三三年四月、同じ職場の女子学生担当の体育講師ローゼマリー・パラット(一九〇四～二〇〇二)と再婚した。改革教育の熱心な推進者、ベルリン中央教育・教授センター所長で上級行政官ルートヴィヒ・パラットの娘である。新婚旅行から帰宅するとプロイセン文相ルストから通知がきた。ライヒヴァインは「公務員再建法」に規定される「政治的に問題のある人物」とされ、「最終決定が下されるまでただちに休職を命ずる」、ただし俸給については「当分のあいだ」従来のままとされていた。ちなみに、五月にはナチス政権によってハレ教育アカデミーはアカの大学（共産主義的な大学）として閉鎖となり、他のアカデミーも教員団の大半が入れ替えられ、改造される。

　こうして若いふたりは、結婚直後に不安な将来のみえない試練に立たされた。念頭に浮かぶのは、ドイツにこのままとどまるか外国に亡命するか、いずれかである。

　ライヒヴァインは夫婦のこれからの安全な生活を第一に考え、スイス・チューリヒに設立された「ドイツ科学者国外救援組織」を頼ることにした。五月に手紙を書き、求職の応募をしたところ幸い、大学改革を計画していたトルコ政府から、イスタンブール大学の「人文・経済地理」担当の教授職が提供された。

　このときになって、はじめて彼は自問自答した。自分だけ安全な場所に避難して、助けの必要な友人たちを危険で不安な状態に放置しておくことができるだろうか。これまで自分はワイマル民主主義を守ろうと、ナチ党と政治的次元で敵対してきた。

　だがいまや人びとに問われるのは、独裁制にたいして「敵か味方か」だけであり、敵とみなされると排除される。わが物顔の突撃隊（ナチ党の準軍事組織）やゲシュタポ（秘密国家警察）、急造される強制収容所は、その最たるものだ。このさき自分たち夫婦にもどのような危機が生じるかはわからない。ナチスは雇用の回復と経済の復興に成果をあげていることを大々的に誇示し宣伝しながら、支配人種という妄想に根ざす反ユダヤ主義や、「民族共同体」、「国民同胞」という空虚なつくりごとを国民に浸透させようとしている。だがナチス思想は絶対的に否定さるべきものだ。

　煽動政治家ヒトラーはいまでは偉大な指導者として、国民の絶大な支持を得てドイツに君臨している。国民の大半は自分でものを考えることを放棄し、ヒトラー信者となって熱狂するだけだ。ドイツ人はついにここまで成り下がったのか。祖国ドイツはどうしてこうなったのだ。すでにヒトラーはドイツ民族が生きるに必要な「生存圏」を拡大するため、「東方政策」を再開するなどと公言してきた。やがて国民は独裁者ヒトラーの命ずるままに、他国への侵略戦争にも駆りだされることになるだろう。

ライヒヴァインはこう考え、ナチスのドイツにわが身を置くことには、耐えがたい思いがあった。だがその一方で、祖国ドイツの運命から切り離して生きようとする自分、苦しんでいる友人たちを見捨てて亡命しようとする自分を、許すこともできなかった。

しかも自分たちは、迫害ユダヤ人が急ぎ母国を去らねばならないような切迫した状態にいるわけではない。こうしたときこそ、自分にできることをしなければならないはずだ。そのように振る舞うなら、表と裏の「二重の生活」を生きてゆくほかないが、耐えてわが道をすすむべきなのだ。

このように彼は内面の葛藤を経て利己的感情をおさえ、できるかぎり彼らを救援し思いやる本来の自分に立ち戻った。それこそがこれまで自分に課してきた指針でもあった。

ライヒヴァインは提供されたイスタンブール大学の教授職を、苦境にある他の研究者に譲った。国外亡命の考えを捨て、確信的な反ナチ市民として国内にとどまりつづけることになったのである。

農村学校教師への道

ではドイツにとどまると決意したとき、彼はどうしたか。

彼は子どもたちとじかに親しく交わる教師になりたかったし、そのための天性の資質もあった。ライヒヴァインとローゼマリーとの出会いはハレ教育アカデミーの大学祭であったが、後年彼女は語っている。夫につよく魅せられたのは、彼がたちまち子どもたちの心をとらえたこと、彼らをよく理解し、彼らの必要とするもの、望んでいるものを優しく受けとめる愛情があったこと、要するに子どもたちとすばらしい関係を築く夫の人柄を知ったことです、と。

ライヒヴァインが望んだのは、農村学校の教師となることであった。村びとにも尊敬される模範的な農村学校教師であった父カールの感化もあっただろうが、ライヒヴァインは生まれ育った農村の住民の質朴さや生産・生活文化とその自然性に深い愛着をいだいていた。いわば彼の人格形成の原体験に農村生活があった。しかも自分が都市の出身ではなく、農民出の息子であることに、誇りをもっていた。農村学校を選ぶのもこのためだろう。

ベッカー文相のおかげで実現できた世界経済の研究調査の旅行で乗船したドイツ貨物船が日本に寄港し、神戸港から瀬戸内海に短い船旅をして眺めた景色や、農民生活について記しているのも、右の事情と無縁ではないと思う。

農村学校を選んだ理由は、他にもある。規模の大きな都市学校でみられる不快な告げ口や噂を彼は避けたかった。一学級だけの農村学校のほうが、自由な教育活動が期待できたからである。というのも、ナチス政権となる三三年一月から大量に駆け込み入党した学校教員の大半が国民学校教員であった。そこに保身などの理由があったにしても、彼らの姿勢にライヒヴァインは内心不快な思いでいた。

一方、教員層のこうした行動に党首ヒトラーは喜ぶどころか、逆の態度を示した。ヒトラーは大の学校教員嫌いであった。いわく「教師になろうとする者は、独立した職業では成功がおぼつかないタイプの人間である。他人の助けを借りずに自分の努力だけで成功をつかめると思う者は、まず教師になろうとはしない。少なくとも国民学校の教師にはならないだろう」。これほどの偏見をいだくヒトラーだけに、教員層とりわけ国民学校教員層の大量の入党には不信感を露わにして、彼らを罵倒したという。こうした教職不信はナチス教育に如実にあらわれた。

ナチスは政権掌握とともに人事を中心に「強制的同質化」(ナチ新政府への権力の集中・ナチ化)を始めたが、政府内とくにプロイセン文部省には、ライヒヴァインの秘書時代にベッカー文相を囲んだ非ナチの官僚たち「ベッカー・グループ」が、まだ在職していた。ライヒヴァインの教育活動に協力するクルト・ツィーロルトもその一人である。彼らは陰では、苦境にあったユダヤ系の元同僚の力になっていたが、人望の厚かったライヒヴァインの教職申請をも援助した。

このようなナチス体制内のライヒヴァインには相対的に有利な事情があって、彼自身の望む農村学校教師への転属願いがうまく運んだ。教授俸給を従来のままとし教授称号が剥奪されなかったのも、省内の友人や知人のはからいである。このときの担当部長は熱烈なナチ党員エルンスト・バルクヘールという人物であったが、最終面談でライヒヴァインの説明する、農村学校改革のための実験的なモデル活動をすることの意義を認め、国民学校教師に転出する手続きをとった。しかもライヒヴァインの希望した、ふたりの教職志願者をとくに学力の遅れている子どもたちを援助するために、助手として付けるという条件までも承認していた。

こうした措置を認めるバルクヘール部長には、知識人の亡命者が多いなかで国内にとどまるライヒヴァインを、ナチスの国外向けの宣伝に利用しようという心づもりもあっただろう。成立まもないナチス政権は、外国の評価に耳をそば立てていた。ナチスの人種主義政策に国外の批判があったからだけではない。国家的な大プロジェクトとして、三六年夏に開催予定のベルリン・オリンピックに参加する国々のナチスドイツのイメージにも直接、間接に影響するからだ。

もちろんライヒヴァインはナチス体制のなかで生き抜くために、最低限妥協し同調を装う必要があることは理解していたが、自分から歩みよって協力する気持ちはなかった。彼は毅然とした生き方を捨てない決意を、マールブルク大学以来の親友エルンスト・クルティウスへの手紙に記している。

「道徳的な確信や良心が人間にとっていかに大事か、そこからいかに大きな力が生まれたか、私はこれまで以上につよく感じとっています。私の立ち位置は不動です」

イギリスの友人ライオネル・カーティスものちに語っている。

「ドイツはヒトラー独裁制によって大事な魂を放棄してしまいました。でも、こうしたなかでライヒヴァインは大事な魂を教育によってどの程度まで救うことができるか、徹底的に吟味しようと心に決めたのです」

カーティスのことばは、当時のライヒヴァインの心境を正しく汲みとっているように思う。「放棄した大事な魂を教育によって救う」とは、未来に生きる子どもたちに〈新しく大事な魂を植えつけ育てる〉ことである。

ティーフェンゼー村の農村学校は、彼のそうした意図を実現させる場となった。

Ⅱ　ティーフェンゼー農村学校への赴任

ティーフェンゼー村と農村学校

ライヒヴァインはブランデンブルク州ポツダム政庁から三三年一〇月一日をもって、首都ベルリンから北東四〇キロメートルのティーフェンゼー村にある福音派系農村学校（宗教教育のため宗派別に構成）の運営を委ねられた。

当時、村はベルリン郊外ヴェルノイヘン駅を経由する鉄道の終点にあったが、現在、村への交通は同駅発着の循環バスに切り替わっている。村は耕地、森、松林、沼沢に囲まれ、ベルリンからの幹線道路（一五八号線）が村のなかを通って北東のバート・フライエンヴァルトまで延びている。途中のティーフェンゼー村の区間では道路標識に「アドルフ・ライヒヴァイン通り」と記されている。改装された農村学校は幼稚園、その後託児所として利用されているが、校舎の外壁中央にはライヒヴァイン協会（一九八二年設立）によるブロンズの追悼記念板がはめこまれており、こう記されている。

アドルフ・ライヒヴァイン　一八九八―一九四四
ザール河畔ハレの大学教師　一九三三年罷免される

クライザウ・グループの一員として国民社会主義にたいする抵抗運動により
一九四四年一〇月二〇日　ベルリン・プレッツェンゼーで処刑される
この地の教師として一九三三年から一九三九年まで人間的で生き生きとした学校を創造した

ティーフェンゼー村の状況に目を転じよう。三七年の時点で住民は三〇〇人、学童は四〇人（ライヒヴァインの在職中、この人数は四〇人前後と一定していた）、学童家庭の職業は農業従事者二〇人、鉄道工夫・職人・林業その他二〇人という。だからティーフェンゼーは本来の農民村ではなく、形状も街道に沿って家屋や作業所などが並ぶ、小規模な街村となっている。村の財政も豊かではなかった。

現在のティーフェンゼー農村学校跡の校舎とライヒヴァイン通り．筆者撮影．

当時は二軒の食料品店、三軒の植木屋、一軒のパン屋、一軒の肉屋、一軒の酒場があったが、東ドイツ時代（一九四九～九〇年）には閉店し村も廃れて、現在のようになったという。学校もライヒヴァインがいたころは村の中心に位置して、住民の集会場としても利用されていた。農村部の多くにみられる教会もこの小村

教室の内部．正面の背後にライヒヴァインの愛機のプロペラが立てかけられている．

にはなく、近隣の村の教会から担当の牧師が洗礼や冠婚葬祭のために、学校に来ていた。だが伝統的な宗教教育は、ナチ新政府によっていち早く廃止されていた。ライヒヴァインの教え子によると、それまで堅信礼《けんしんれい》(信者が信仰を告白して教会の正会員になる儀式)を受けた信者はまわりにはいなかったという。

一九一二年に建てた校舎は三五平方メートルの教室ひとつだけ、電灯以外、水道も入浴施設もない。民家のような校舎に隣接して平屋の教員宿舎がある。校舎裏には便所、小家畜小屋、水汲みポンプがあり、そのほか学校庭園と教員家族用の菜園が広がっている。校舎前の幹線道路を横切って小道を北東に二五〇メートルほど歩くと、大小の湖や平地がある。ライヒヴァインのお気に入りの場所だった。

ところで、読者は、六歳から一四歳までの学童四〇人前後に三五平方メートルの一教室という状況をイメージできるだろうか。とにかく狭い。ライヒヴァインが端に立って子どもたちが工作をしている写真(右)からは、まるで彼らがからだを寄せ合って作業しているように見える。

また教員宿舎にしても、台所を含め小部屋が三つ、ライヒヴァイン夫婦だけならまだしも、翌年二月に第一子レナーテが、さらに第二子ローラント、第三子カトリンが生まれてから、家族五人の生活には手狭になりすぎた。そのため、校舎と住まいの狭さは長く夫婦の悩みの種となった。

ティーフェンゼー学校の状態が、農村学校として平均的なものであったかは不明である。しかし学級規模について都市と農村をくらべた全国的な報告(一九三一年)によると、都市の一学校あたり八学級が六割以上であるのにたいして、農村では単級が半数を占め、一校平均二学級に満たない。

八年制国民学校制度とはいうものの、教師一～二人の農村学校と、学年別の学級編成によって授業をおこなう都市学校との極端な不均衡、さらに両者の教育水準の著しい格差がつづいてきたのである。こうした事態を前提にしながらも、二〇年代後半には、ようやく農村学校のあり方が注目され、論議されるようになった。そのさい、とくに農作業の収穫に子どもの労働が必要になる事情もあって、学校での子どもたちの教育に農村住民が無関心なこと、そのため父母と教師の対立が生じたこと、結果的に学校が地域から孤立した状態にあること、このような状態をいかに打開するかという問題が、ひさしく農村学校の課題になってきた。

ライヒヴァインも、農村学校がしばしば農村社会で住民生活とは無縁の「異物」のような性格を帯びてきたことを知っていた。だから実験的な活動をすすめるうえでも、やはり右の問題について応える必要があったのである。

ライヒヴァインが正式にティーフェンゼーに着任したのは、秋休み明けの一〇月のことである。だが引き継ぎなどは一切ない。前任者が社民党の党員のかどで懲戒転任させられ、学校は六月から教師不在のまま放置されていたからである。反ナチス的教員の追放によって男女の教員が不足していたという事情があったのだが、その事実は住民には伝えられず、無視されていた。

さらに文部省で認められたふたりの助手を付けるという条件も、ナチスの県知事とポツダム政庁から拒否されて、結局そのポストは取り上げられてしまった。バルクヘール部長の措置は、ベルリンを離れると通用しなかったことになる。しかもティーフェンゼーの赴任は当初八月半ばからであったが、県知事とポツダム政庁の妨害で一〇月からとなり、一月半も遅らされた。

彼らにすれば、ナチスに敵対しているライヒヴァインは監視の対象にすぎず、文部省に支援された農村学校の実験的なモデル活動には、まったく無関心であった。というより、そうしたモデル活動は不要だと無視された。さらに、ティーフェンゼーの学校は公式には特別な地位にはなかった。そうした意味でも、ライヒヴァインも国民学校の教職資格を確保し、一二月に「ナチス教員連盟」(全学校教員にたいする強制的同質化による組織)に党籍のない個人会員の資格で加入し、さらに翌三四年八月には、公務員にも義務化された総統ヒトラーへの職務宣誓をおこなった。「教員採用試験を受けていない」という当局の嫌がらせや厳しい監視を避けるためにも、このような彼の意に反する行動が必要となっていたのである。

幸い、ティーフェンゼーは地の利を得ていた。村から政治の中心ベルリンへは直線道路で結ばれており、行楽の車もひっきりなしに通っていた。ライヒヴァインは早速車を購入し、妻にも運転免許を取ってもらうことにした。街道沿いの民家と見間違うような小さな学校だから、目立たず、彼が多くの友人たちと打ち解け話や交友をつづけるうえでも好都合となった。そのなかには、民衆大学時代以来の知友ジェームズ・フォン・モルトケ伯(一九〇七~四四)がいる。彼は平和主義者ライヒヴァインと同じように、「ヒトラーを選ぶ者は戦争を選ぶ者」と確信して判事(ナチ権力とつながる)の道を断念し、弁護士となってユダヤ人など迫害者の救済につとめていた。ライヒヴァインは、のちの反ナチ市民グループ「クライザウ・サークル」の主宰者となるこのモルトケや他のメンバーたちと、三九年五月ベルリンに転出するまで親交を重ねていく。

しかし、ティーフェンゼーの状況がライヒヴァインの交友を目立たなくしたとはいっても、そのことは彼には二の次にすぎなかった。この地において子どもたちへの教育に全力を傾けること、これこそ彼が願うことであったし、絶望せずにナチスドイツを生きのびる活力ともなったからである。彼は根っからの教育者であったのだ。

彼は教育アカデミー時代からの友人ハンス・ボーネンカンプに宛てた手紙で伝えている。「仕事が始まりました。学校は半年間まともに授業がなかったために学習の遅れが目立っています。この大きな空白を埋めるにはかなり時間がかかります。でも子どもたちは喜んでいます」

父母住民の対応

子どもたちが五カ月以上も、同じ場所に集まって学び遊ぶ環境になかったのだから、ライヒヴァインの赴任を大喜びしたのは当然のことだろう。

では父母住民はどうか。ポツダム政庁に、子どもが長期間、義務教育から放置されていることについて、なんら自分たちの意見を伝えることもなかった。ほかの農民村でよく話題になるような、子どもたちが農作業やその他の仕事に、学校で学ばせるよりも大事な労働力になっているという事情があったわけではない。要するに、子どもの教育に無関心であったということである。このため当初ライヒヴァインは村について「開けていない」という印象をいだいていた。

一方で、ライヒヴァインの赴任に彼らは警戒心と偏見をもっていた。元社民党員、辞職させられた大学教授という前歴がベルリンの新聞を通じてひろく知られていたからである。住民たちには心中に深く根ざした保守的な考えがあったが、さらにナチス支持か親ナチスという立場から、新任のライヒヴァインを品定めしようとした。

村びとが集まって新任教師夫妻を歓迎する酒の席で、村の有力者たちは「あんたの旦那ライヒヴァインはナチ嫌いだろう」と再三カマをかけたと、妻ローゼマリーものちに語っている。

実際、ナチ党は農業・農民重視の政策を掲げ、選挙戦をすすめるうえで、農民層を「民族の血の源泉」と呼び、「農民文化」をドイツ民族の精神とたたえるキャンペーン活動を大々的に繰返した。結果、農村地帯は一様にナチ党の支持基盤となっていた。彼ら住民からすれば、ライヒヴァインは「政治的に信頼できない」教師とみられても仕方がなかったのだろう。

そうした父母住民の警戒心や不信感も、彼の気さくで魅力的な人柄にじかに接し、子どもたちが彼を慕うのを実際に見たり聞いたりして、やがて薄れていった。またライヒヴァインが学校活動に村びとを引き込もうと、時間をかけ積極的に働きかけ、さらに、都市生活者のローゼマリーも不慣れな田舎の生活に溶け込むために、村の女性たちとフォークダンスのグループをつくって交友しつづけたことで、住民たちとのあいだに良好な関係が生まれていった。こうした夫婦の日々の努力もあって、村の有力者たちは、ライヒヴァインに友好的な態度をとるようになった。

だがその一方で、匿名有志による、「われわれが望んでいるのは子どもの心をよく知っている教師である」「教授ではなくアドルフ・ヒトラーとフォン・シーラッハ（三一頁）のお考えに従って教育するナチ党籍のある教員に代えてしてほしい」と、三五年九月と三六年七月の二度、ポツダム政庁に陳情書が出されるなど、一部の住民には依然として不信が潜在していた。彼を監視し密告の対象とする親ナチスの住民が存在していたのである。陳情は却下されたが、ライヒヴァインもとくに公の場では、言動に細心の注意をはらっていた。

こうしてみると、ライヒヴァインを警戒し不信の目をそそぐ住民たちのなかで、教育活動が始められたことになる。だがその活動は、農村学校が地域の「異物」とみられて孤立しないように、彼らに理解される必要があった。ライヒヴァインは当初から苦しい境遇におかれていた。だがそれをのりこえ、前に向かってすすむほかなかったのである。

学校が始まる

農村の朝、子どもが起きるのも早い。ティーフェンゼーの毎日の授業は、夏は朝七時から昼一二時まで、冬は朝八時から午後一時まで、月曜日から土曜日までである。だが子どもたちは待ちきれずに登校し、目を輝かせて扉の前に集まっていた。なにしろ、待ちに待った自分たちの新しい先生が来たのだから。

今度のライヒヴァイン先生はこれまでのような怖い先生、籐の鞭《むち》をかざして知識を詰め込むような先生とは違ってほしいという願いと期待があった。ティーフェンゼーだけでなくこの地域一帯に、子どもを無批判に服従させる教師の権威的な硬い思考を改め、学校教育に活力をもたらそうする動きはなく、旧態のままとなっていた。日本語にいう「教鞭をとる」の字句どおり、教職はいまだに鞭をとることと一体化していた。二七年に体罰は廃止されていたが、それは形式上のことで、実態はまったく異なっていた。ナチ体制下ではむしろ体罰が強化されていたのだ。

だが、子どもたちはライヒヴァインをひとめで直感的に良い先生だと思った。妻ローゼマリーがハレ教育アカデミーの大学祭で夫をとりまく子どもたちについて語ったように、このときも、彼はたちまち彼らの心をとらえていた。「今度の先生はぜんぜん違うぞ！」と子どもたちは大喜びだった。

そのライヒヴァイン先生が子どもたちと最初にしたことは、一緒になって教室の内部をつくるという作業である。なにしろ校舎は荒れたままで無い無い尽くしであったのだから。狭い教室を狭いなりに学習の場としてつくり直し、備品を整えていく必要があった。教室を自由に仕切るカーテンを引いて学習を区分けすること、利用されていない戸外を夏季学習の場につくり変えることが、最初の作業となった。幸い校舎の裏は広く、利用されてはいなかったが、学校園になっていた。

当面必要な机や椅子などについては、村の人びとに頼んで使用しない古い材木を提供してもらい、村の大工職人の協力を得ながら子どもたちにつくらせることにした。教室をカーテンで仕切ったさいに使用する広い作業机や、戸外学習用の二つの机と四脚の長椅子をつくることが彼らの目標となり、それらは立派に使用できる備品に仕上がった。

こうした一連の作業が最初の学習となった。「無いものは工夫してつくればいい、工夫が学びだ」と、子どもたちは体験的に知った。以後、必要な備品や教材はすべて手づくりの作業学習の対象となっていく。これについてはあとで詳しく述べることにしよう。

ティーフェンゼー農村学校が実験的な学校として教育活動を本格的に展開するのは、三四年からである。またこの年から、定期的な学校査察もおこなわれていく。その教育活動が視学官によって詳細に内容が調べられ、評価されるのである。活動に自由の余地は認められても、そうした縛りがあった。

朗報もあった。友人のクルト・ツィーロルトが社団法人「ベルリン授業映画全国センター」所長になったのをきっかけに、夏からティーフェンゼー農村学校はその実験学校になり、ライヒヴァインもセンターの顧問として製作にもかかわることになった。そのおかげで、ティーフェンゼーの活動は写真と映画という媒体を加えることで幅をもち、さらに教育内容を具体的に記録していく利点を生んだ。本書でも、子どもたちの学習の様子を写真とともに紹介していく。

一方、ナチスの教育体制も三三年には緊急の措置以外、学校制度内部のプランにはまだ手が伸びていなかった。個別的な教育プランが示されるのも翌三四年以降のことである。

以下、具体化していくナチス教育および、そうしたなかで独自に展開していくティーフェンゼーの教育についてみていくことにしたい。

Ⅲ　ナチス教育とティーフェンゼー農村学校

規範となったヒトラーの教育観

ナチス教育を述べるにあたって、ナチスの思想にふれておこう。これを端的にいうと反ユダヤの人種論を基礎にして、国内的には、国民が「公益」のために「民族共同体」に一体化し、ひとりの指導者に無条件に従う体制（「総統国家」）をつくること。対外的には、卓越した支配人種たるドイツ民族に本来所属する土地（「生存圏」）が劣等なスラヴ民族の住む土地となっている不当な現実にたいして、ドイツが彼ら劣等民族から生存に必要な領土を確保するのは正当であること。こうした考えである。

この独善的で攻撃的な考え方は、ユダヤ人をはじめロマ人など少数民族の全欧からの排除、東欧全体の植民地化政策となっていく。

ナチス教育とは、あくまでこのような考え方を青少年の心にすり込む手段である。ここで注意してほしいことがある。私たちは「教育」ということばを「人間形成」と同じ意味で用いる。「人間形成」とは、たとい集団という形式においてであろうが、個々人の多様な成長発達の過程を前提に成立しており、「個」が無になることはない。

ところが、はじめから「個」の埋没した「全体」が対象にされると、「人間形成」を想定する余地がなくなってしまう。もはやそこには画一化された〈金太郎飴〉的な人間を生産することだけが、目的だからだ。人間を鋳型にはめる教育とはそういう意味である。名高いナチスの御用学者エルンスト・クリークはこれを正当化するため、まことしやかに「類型的同化」と表現している。したがって「教育」と同義の「人間形成」という考えそのものが、ふきとんでしまうことになる。そのために、おのずと「個人の尊厳」という基本理念にもとづく人間性や個性など諸々の価値は、意味を失っていく。

そこでナチス教育の内容である。

ナチスが青少年の教育を重視しているあかしに、「青少年を握る者は未来を握る」というスローガンがある。もともと一九世紀末以来の用語だが、ナチスはこれを青少年政策として現実のものにした。ナチ指導部が青少年に力を注ぐのは、打算がはたらく大人よりも、精神が柔軟で吸収力のある青少年を国家が全面的に掌握し、ナチス思想のもとに規格化するという目的があるからだ。文字どおり「鉄は熱いうちに打て」を地でいった。

このとき家庭の役割はなんら想定されていない。家庭とくに女性に求められるのは、国家のために子どもを多く産み、幼少期まで健康に育てることだけにあった。父母の愛情訓育を通じて、基本的な価値や規範を身につけさせることも、子ども時代のか弱さを家庭生活で保護する必要があることも無視された。目的はひたすら子どもや若者にナチス思想を注入することだけである。こうなるともはや倫理的にも破綻しているとしか言いようがない。

そうした考えのよりどころとなったのは、ヒトラーの『わが闘争』（一九二五～二六年）である。

かつての扇動文書はいまやナチ党の聖典となり、そこに書かれた「民族主義国家の教育原則」がナチス教育の規範となった。

ヒトラーの主張には、「強壮な精神は健全で強壮な身体にのみ宿る」という前提がある。そこでは人は心身ともに強健であってこそ意味のある存在だとされる。彼はこう主張する。

- 民族共同体に必要なのは学問的教養や才知のある虚弱者ではなく、肉体的に健康で決断と意思力に満ちた人間である。
- 子どもの身体的訓練から青少年の鍛錬までの教育を組織するのが国家の役割である。
- 軍隊は命令と服従を学ぶ最高で最後の学校である。
- 歴史教育は民族存続の指針を学ぶ手段であり、人種意識・人種感情の注入が至上原則である。

要するに、青少年を支配人種にふさわしく鍛錬し、民族共同体に身を捨てる「政治的兵士」（ナチ御用学者アルフレート・ボイムラーによる造語）に仕上げるのが最終目的であるということだ。このような立場からすれば、ヒトラーが学校教育の〈無駄な知識の詰め込み〉をはげしく批判し、心身の脆弱さを嫌悪し強者だけを認めるのも、当然のこととなるだろう。さらにいうと、彼が『わが闘争』以来の持論である「断種法」（遺伝病子孫予防法）の制定（一九三三年七月）を「民族性を保ちつづけるための措置」としてあらためて指示するのも、障がい者、身体虚弱者は〈生きるに値しない生命〉とみなしていたからである（ただし遺伝病者断種の立法化は財政負担の増大と相まって、ワイマル期以来の政治課題ではあった)。

そこでナチ新政府は既存の学校制度をどうしようとしたのか。政権奪取直後の文部省は、ヒトラーの「教育原則」を規範に、人種論・遺伝学・歴史を緊急措置として学校教育に導入したが、その他の教科は残った。だがキリスト教文化の国家として筆頭教科の位置を占めてきた宗教科は無視され、やがて除外されていく。ナチ党指導部からすれば、「弱さへの共感」や「人間愛」「魂の救い」といった精神性は理解できないものであっただろうし、絶対視された民族・民族共同体の上位に宗教を位置づけることなど論外であった。

では教育の現場はどうなったのだろう。

独裁制国家の常だが、学校は民族の指導者ヒトラーをたたえ偶像化して「ヒトラー尽くし」になった。ナチスドイツの国旗の掲揚、騒々しいばかりの学校での「ハイル・ヒトラー！」あるいは「ハイル！」のナチス式の挨拶と敬礼(右手を斜め前方に上げる所作)、大がかりな祝祭日となった総統誕生日、教室正面上部のヒトラー画像の設置、「指導者原理」(ヒトラーを頂点に下位の被指導者に服従と忠誠を要求するナチスの組織原理)にもとづく校長から〈指導者〉への改称等々、これらすべてが義務化された。

学校教育の内容をみても、あらゆるものが〈全体〉に飲みこまれてしまった。検閲によってナチス思想に沿わない書籍は教室からとり除かれ、教科を問わずヒトラーにたいする忠誠、軍国主義、人種差別主義、反ユダヤ主義などを強調する新しい教科書が指定されていく。国民学校の目的とされた「君は何者でもなく君の民族がすべてである」(帝国文相ルストの三七年四月の訓令)は、その象徴的な規定である。

当然、こうした施策を実施するには時間がかかる。そのために全教員を再教育する措置として、急ごしらえの「教員訓練宿泊所《レーラー・ラーガー》」（三週間の合宿研修・軍事教練を含む、全国一三〇〇カ所）が設置された。この措置は三四年以降、本格的にすすめられていく。だがこれによって、教員層に実際にどの程度ナチス思想が浸透したかは不明である。三三年の彼らの大量の駆け込み入党や「ナチス教員連盟」への加入、総統ヒトラーへの忠誠宣誓にしても、ナチス政権誕生を確認する外形上のことであった。その行為が信頼できるものか、打算が働いてのものなのか、ナチ党幹部自身も疑っていた。

だからこそ、彼らは青少年に注目した。若いナチ教員は別にして、教員層がワイマル期の十数年間、子どもたちに価値として教えてきた人権や民主制の理念とは真逆のナチス思想に、うわべは同調や順応の態度はとれるだろうが、彼らの内面までは判別しがたいからだ。

本書の主人公ライヒヴァインはさておいて、教員ひとりだけの農村学校では、その実態は不明である。ひそかに非ナチス的な授業をつづけることも起こりえた。とくにギムナジウムなどにそうした事例があったことも指摘されている。

とはいえ、ナチス政権が以後安定するにつれ、実際に新教育運動においてワイマル期二〇年代までドイツ各地で開花していた教育改造の試みは弾圧され、改革学校も、自主的にあるいは強制的に閉校へと追い込まれていった。

こうしたなかで、学校（文部省）とヒトラーユーゲント両者による、青少年教育のあり方と権限をめぐるはげしい対立が生じた。

ヒトラーユーゲントの参入

ナチス教育を特徴づけるものにヒトラーユーゲントの存在がある。男子一〇～一八歳、女子一〇～二一歳(「ドイツ女子団」という)の団員からなる、ナチスの校外組織である。それは突撃隊に入隊する青年の訓練組織であったが、ヒトラーの若い信奉者バルドゥール・フォン・シーラッハ(一九〇七～七四)のもとで一変した。彼はミュンヘンの名家出身で、「ナチス学生同盟」の指導者としてヒトラーに信頼され、側近に引き立てられた青年である。

ライヒヴァインがギムナジウム生徒時代に熱中した青年運動＝ワンダーフォーゲル運動は二〇年代には再編され、名称も新たに「同盟青年」運動へと変わっていたが、シーラッハはこの運動に参加した経験があった。だが一〇年代ワンダーフォーゲルの、自然愛好と〈仲間〉意識にもとづくキャンプや徒歩旅行などの非政治的な性格は薄れ、民族主義的、極右主義的な傾向を強調するものとなっていた。シーラッハはこの体験をヒトラーユーゲントに取り入れ、焼き直した。

恰好よくデザインされた褐色の制服と黒の半ズボンを着用し旗手を先頭に隊列を組んだ行進は、生きることの意味を求め自分探しをしたい若者たちを惹きつけた。これに〈青年の自立〉をたたえ〈自己解放〉をあおる宣伝戦略が加わったから、制服は自弁でも膨大な参加希望者が押しよせた。取りこまれ熱中した多くの青少年のひとりに、後のミュンヘンの「白バラ」運動のメンバーとなったハンス・ショルがいる(彼はその後ヒトラーユーゲントの欺瞞性に目覚めヒトラー打倒の運動に立

ヒトラーユーゲントの少年団の入団式．整列する 10 歳の少年たち．

ち上がり処刑されたが、現在はミュンヘン大学の誇りとなっている)。

地域ごとに編成されたこの組織は、三三年、シーラッハが若干二六歳で青少年全国指導者となるにおよんで、団員三五〇万人を数え、翌三四～三五年に五四〇万人、さらに三六年には五八〇万人に達した。ついに一二月には「ヒトラーユーゲント法」により、ドイツ人青少年全員が加入する国家唯一の青少年組織と規定された。これによりヒトラーユーゲントは、家庭、学校と同等の教育機関となった。もっとも、三者は異質のものである。親子関係の家庭、教師・生徒(=子ども)関係の学校とは異なって、ヒトラーユーゲントは同世代の指導者による「命令と服従」を基本としているからだ。

さらにヒトラーユーゲントのなかでも、年齢が一〇～一四歳の「少年団(ユンクフォルク)」とは区別される本来のヒトラーユーゲント(一五～一八歳の年齢集団)は、身体の訓練、ナチス思想の注入と軍事訓練のための準軍事組織の性格を帯び、近い将来少年兵となる目標が示されてくる。

そのためにヒトラーユーゲントの用語も、ワンダーフォーゲルで愛用されたドイツ語「カメラート」は心を許した〈仲間〉ではなく兵士同士の〈僚友〉と意味づけられた。〈仲間〉による友愛の「指導」ではなく、「命令」と「服従」の上下関係となった。さらに徒歩旅行やキャンプは「隊列」と「宿営」に、練習は「錬成」といった軍隊用語に意味内容が変えられ、使用されていく。

ナチス思想において青少年組織に、祖国・民族共同体に奉仕する「政治的兵士」という最終目標が与えられてはいても、知的教育を固有の機能とする学校と、ヒトラーユーゲントには大きな隔たりがある。だがヒトラーやナチ党幹部の〈意思の強化〉や〈闘争心の高揚〉といった精神力を絶対視する立場からすれば、そうした知的教育はむしろ抑制された。

シーラッハはすでに三四年六月、帝国文相ルストに毎週授業日の一日を「国家青少年の日」としてヒトラーユーゲントの活動に譲ることを要求していた。前年末に団員が青少年の三〇パーセント以上を占めたヒトラーユーゲントを、公的団体であるとヒトラーが承認していたことがこの背景にある。

元ギムナジウム教師の文相ルストは、「知識は青年をダメにする」と公言してはばからないヒトラーとその内閣にあって、最も軽視された閣僚であった。そのためルストの反対は無視され、シーラッハの要求が認められた。全国の学校が土曜日には授業を休んでヒトラーユーゲントの活動に充てることが決定されたのである。

ヒトラーユーゲントの学校攻撃と教育の荒廃

シーラッハの要求はこれだけではなかった。彼は「同盟青年」運動の「自主的指導」(=「青少年は青少年によって指導される」)の原則をもって、ヒトラーユーゲントの活動を学校教育に優先させようとした。これには、文部省が学校現場に体罰を復活させ、学校も〈教壇中心の型にはまった知識教育〉をつづけていることへの嫌悪感(彼自身の体験にもとづく)が背景にある。

シーラッハは、総統ヒトラーの歪んだ教職観とそれに同調する党指導者たちを後ろ盾に、学校と教師の信頼性を否定し、むしろヒトラーユーゲントの活動原則に学校活動も従うことを要求した。その目的から老齢の教師に代わってナチスを支持する〈若い教師〉の任用を叫ぶキャンペーンが、全国的に繰り広げられた。

このために、学校当局・文部省とヒトラーユーゲントとの対立が生じただけではなかった。学校内部でもヒトラーユーゲントの団員による教員への暴力や挑発行為など、深刻な亀裂が生じた。だがこのような事態についてもシーラッハは正当化していう。学校は「上からの教授」であり、ヒトラーユーゲントは「下からの指導」であって、両者は互いにはっきり区別されるべきである。したがって教師はその職業を理由にして、ヒトラーユーゲントの指導者となることはできない。

さらに彼は主張する。「青少年は新たな生を担っているために、より高次の意味でつねに正しい」。俗にいう〈若者にまかせ年寄りは引っ込め〉と。この主張をおしすすめて、教師にはヒトラーユーゲントで指導的な立場にある生徒を叱りつけたりして、その権威を団員の面前でおとしめないようにしろ、とまで要求した。

その一方で、彼ら教師というのは教職を生計のためだけに考え、旧時代に生きる無意味な「知識の詰め込み屋」にすぎないと、教師の信頼性(権威)を否定するように言い広めた。また法的にも、ヒトラーユーゲントと教師の意見対立が生じたときのために、ヒトラーユーゲントの代理権者「生徒管理者」の設置が義務化され、ヒトラーユーゲントの校内の発言力が強化されていく。

このようにみてくると、シーラッハの強引さが際立っている。だがこうした事態にも、二二万人以上の教員の会員を擁する大組織「ナチス教員連盟」の指導部は、問題是正の発言をせず沈黙を守った。ヒトラーユーゲントの主張に不満であっただろうが、侮辱されても反論しなかった。ナチス体制における文部省とヒトラーユーゲントの力関係によるものなのだろう。

ちなみに、ライヒヴァインが三七年一一月に刊行した、本格的な教育書『創作する子どもたち』で最初に取り上げたのは、ヒトラーユーゲントの学校攻撃によって崩壊に瀕した〈教師・子ども関係〉の問題であった。これについてはあとで詳しく述べることにしよう。

ところでヒトラーユーゲントと学校との対立は、独裁者ヒトラーとナチ党幹部の好悪のレベルにとどまらない。まず教師自身が教職に幻滅を深めたこと。ナチス支配のあたかも下働きのような役割を担わされているという実態と相まって、教職の信頼性がいちじるしくそこなわれたこと。結果として教師の退職者を激増させたことである。

三三年に出されたナチス体制に非同調的な教師の排除措置によって一時的に教員不足が生じたが、二年後には教職に嫌気がさした自主退職者が増え、教員不足が顕著になった。そのために今度は、新人教員の募集あるいは退職した教員の再募集という事態が生じている（戦時下には教員不足は恒常化した）。

当然ながら学校の規律が歪められ、学習効果が後退した。結果として教育水準の低下が明らかになった。たとえば、三七年にはバイエルンの中等学校生徒について、「いたるところで生徒たちの学力の低下が嘆かれており、その原因は一部ヒトラーユーゲントの過剰な要求にある」と伝えられ、あるいは「生徒たちの学習にたいする意欲や義務感といったものが往々にして欠如している」「多くの生徒たちは修了資格が最低限の成績でも簡単に認められると信じている」「学校の規律が失われている」といった現状が伝えられている。

実際、ナチスの時代に青少年の学力が最低レベルに落ち込んだことは、よく指摘されている。その影響は国防軍にもおよんでいた。士官候補の選抜にあたって候補者の学力の低下が無視できないレベルの問題となったからである。

以上のような学校教育の荒廃した姿は、家庭においてもみられた。とくに熱狂的なヒトラーユーゲントの団員の言動をきっかけに、親子のあいだで不和や対立が多発し、家庭の絆も崩壊した。なにしろ団員の行動にたいする父母の発言が、公然と否定されていたのだから。そのため、親がうっかりヒトラーへの批判めいたことを家庭内で言うと、それが団員幹部に伝わり親が罰せられる事態まで生じた。親子のあいだであろうと、幹部から密告が奨励されているからである。

ここにみられるのは、親子関係までも排除して、青少年をトータルに掌握しようとするナチスの政策がもたらした悲惨な現実である。それにとどまらない。彼ら青少年はやがてヒトラーの命令で兵士・少年兵として戦場に送られ、死に追いやられてしまう。これが独裁者の操り人形のように生かされた若者たちの生涯であった。

補足すると、人格形成の途上で敗戦とその後の一〇年間を体験した旧西ドイツ青少年を、社会学者ヘルムート・シェルスキーは「懐疑的世代」と特徴づけている。それは、ヒトラーユーゲント体験と過酷な生活環境、価値観の激変が彼らにもたらした心的態度を形容したことばである。その内容は、彼らが〈政治的なこと〉に背を向けて私的な生活利害に関心を集中させ、大事な〈価値〉とされるものに真面目に対応できない、ということである。
では、非人間的としか言いあらわせないようなナチス教育のただなかにあって、ライヒヴァインはティーフェンゼーの学校をどのように運営し、子どもたちと行動していたのだろうか。これについてみることにしよう。

ティーフェンゼー農村学校の日常

ライヒヴァインが赴任したとき、授業日は月曜から土曜までであったが、「国家青少年の日」が三四年六月に導入され、土曜日はヒトラーユーゲントの活動のために休校となった。前述の団員の教員批判や教育の荒廃などの事態は、とりわけ都市部のヒトラーユーゲントによって引き起こされていた。

一方、ティーフェンゼーでは全校児童四〇人(三七年時点で四三人)で、一四歳以下であったため、男子は〈少年団〉、女子は〈女子団〉である。しかも団員が少なすぎた。わずかに団の行事として、夕方に音楽会が開かれたほか、大した役割を演じることもなかった。だが、子どもたちは全員がヒトラーユーゲントとは別に、村の〈ナチスの子ども会〉のメンバーであったという。のちに教え子のひとりは、ヒトラーユーゲントが軍隊に入る前の訓練だとは考えず、そんなことを自覚することもなかったと語っている。

ライヒヴァイン夫婦は、子どもたちがナチスの組織に組み込まれていることを知ってはいても、団の指導部とはごく普通に接していたようだ。たとえば、頼まれると音楽会でライヒヴァインがヴァイオリンを弾き、妻ローゼマリーがフルートを吹くというように。後述するヴォルフ視学官の視察報告が「学校と団の指導部との関係も正常である」と記しているのも、こうした背景があってのことだろう。

もっとも、ライヒヴァインは朝、村びとたちとの挨拶をいつも「グーテン・モルゲン」(＝おはよう)で通していたし、学校でも子どもたちとは一度もナチス式の挨拶をしたことはなかったという。とすれば、村びともいくら親ナチスではあっても、日常生活に根づいた挨拶の習慣まで一挙に変えることはしなかったし、そのつもりもなかったということだろう。

唯一の例外はヴォルフ視学官が来校したときである。ベルリンでその日会った友人に、彼はすっかり落ち込んだ様子でこう打ち明けている。「今日はじめて私は本当に嘘をつきました。視学官に「ハイル・ヒトラー！」と挨拶したのですから」。こう告白するのも、彼がナチス体制にいかに敵対しようとも、公式には避けようのない行動であったからである。

だが教室では、彼は子どもたちがいつも独裁者ヒトラーの写真を仰ぎ見ないですむように、黒板の上の壁ではなく背後の壁に掲示し、それさえも目立たないように、前後の壁には子どもたちの絵を貼っていた。さらに、彼らに一度たりともナチズムについて、つまり現実のナチス政治について語ることはなかったという。

ティーフェンゼーにはユダヤ人の家族はいなかったが、ひとりの障がい児が在学していた。このことについてはのちほど述べよう。

そこでティーフェンゼー農村学校についてである。ライヒヴァインは父カールから間近に、音楽・芸術教育と体育の重要性を学びとったほか、読み・書き・計算の基礎学習では、とくに優秀な年長児の助教的役割が必要となることを体験していた。

こうした体験に加え、彼は改革教育について集中的に自学し研究した。ハレ教育アカデミーでの実習指導は、その恰好の機会であった。画一的授業に代わる集団学習、教科の枠をこえた合科学習、受け身の知識伝達に代わる自主的な作業学習など、種々の理念と方法について彼は徹底的に検討した。

このような経験と準備を経て、ティーフェンゼーの教育活動がすすめられた。そのさい、ライヒヴァインが掲げた原則がある。「教育の特質とは子どもから出発し子どもによって規定される」（ただし過度に個人主義的で放任を認めることではない）という、ナチス教育とは真逆の原則である。ナチスに圧殺された新教育運動は、ティーフェンゼー教育のなかによみがえったのだ。

では学校の活動はどのようにおこなわれたのだろう。その一端を示すとこうなる。

- 学校は毎朝、歌を歌いながらの体操から始まる。暗算練習が朝におこなわれた。授業の時間割はないが、授業日はきちんと構成され、必要に応じて授業時間は延長された。子どもたちは毎日、必要な用具はすべて持参した。
- 時間割に代わって、数カ月間一貫しておこなわれる総合的な「計画学習」が設定された。
- 「計画学習」は農村の伝統的な年間の祭り（真冬の祭り―クリスマス、春の祭り―五月一日の労働祭、秋の祭り―収穫感謝祭）を基準に組まれている。この三つの祭りは学校が三四年から開催

右上　イエス生誕劇を子どもたち全員が企画し実施したクリスマス祭.
左上　伝統的な農村木造家屋のモデルづくり.　**右中**　学校園での園芸活動.
右下　ミツバチ観察箱でその生態を観察する.　**左下**　人形劇のための人形づくり.

し、村全体の祭りになった。その中心は、イエス生誕劇を子どもたち全員が企画し実施したクリスマス祭である。

- 「計画学習」は年間全体計画（たとえば「生活共同体としての村」）のもとに、夏季の野外中心の自然学習（植物の内的循環の観察・動物世界の生態の観察・郷土の地形図作成）と冬季の屋内中心の「社会的存在としての人間」の学習（生産・食・住の地理的歴史的学習）がある。
- 郷土の学習のなかに民俗的学習が組まれ、伝統的な農村木造家屋のモデルづくりや車輪づくりがある。
- たとえば「植物の内的循環の観察」は野外での自然植物の観察だけではなく、作業集団のつくる学校園での園芸活動も含む。「動物世界の生態の観察」の一環として、ミツバチ観察箱がつくられ、その生態の観察学習がおこなわれる。
- 人形劇の制作と上演。
- 教育映画の鑑賞による造形作業と、授業を視覚化する歴史年表づくり。

このような「計画学習」に、子どもたちは「作業集団」に分かれ、それぞれの役割をもって参加した。ライヒヴァインには〈作業〉について「手で創作したものは、頭で楽々理解できる」という独自の認識がある。作業学習の意味を考えるうえで含蓄のあることばである。実際、その見地から授業計画が立てられ、すべての作業課題とも結びついていた。内容によって、個人作業、集団作業になり、また分業制のグループ、分業制のクラスなどに編成された。

映画上映を準備する子どもたち.

歴史年表づくり.

つぎの事柄は、教え子たちの記憶を交えてティーフェンゼー教育の特徴ないし要点について記したものである。

一、異年齢集団では通常の学びとは別に、基礎学習の遅れている年少児の小集団のためにその時々に二～三人の優秀な年長児がすすんで助力した。

二、年少集団を中心に、「折紙」が記憶力、造形の力を育てるために重視された。

三、ティーフェンゼーでは体罰はなかった。怖い雰囲気は子どもから授業にたいする興味と参加の意欲を失わせるからである。

四、子どもたちに成果をあげさせる刺激や動機づけとして〈競争〉が重視されたが、個人的なものとし、序列はつけなかった。

五、子どもたちは成績に縛られることなく、それぞれの能力に合った作業グループに編入された。年一回の成績表には、自分がどの水準にあるかが記されている。

六、身体的な遊びやスポーツが重視された。それが子どもの初歩的な能力への欲求（目標を達成できて自信をもつこと)を、目にみえる形で解放するからである。ライヒヴァイン自身、夏の暑い日の午後には子どもたちを近くの湖に水泳に連れていった。秋にはいろんなスポーツ(「徒競争」「跳躍」「槍投げ」など)を教えている。

七、授業は原則として夏は午前七～一二時、冬は午前八～午後一時までだが、ライヒヴァインは毎週四日間、午後に大抵、翌日の授業にかかわる工作・手工の指導をした。これに彼らも自主的に応じ登校した。拒否する子どもはいなかった。反対に遅くまで帰ろうとしなかったのは、学校が楽しかったからだという。

八、妻ローゼマリーは家事のほか音楽、ダンスなどを担当しただけでなく、朝食抜きで登校した子どもたちに食事を用意した。

九、ライヒヴァインは農村学校と地域住民との連携、ひいては学校が村の文化的中心になることをめざした。五月一日の労働祭には住民の参加を呼びかけるために、ヴァイオリンを抱え子どもたちを連れて家々を回った。

年長児による年少児の指導.

年長児の指導を受ける「折紙」づくり.

ライヒヴァインの指導による水泳.

水泳から帰るライヒヴァインと子どもたち.

温室づくり

ティーフェンゼーの作業学習に、子どもたち総出による「温室づくり」がある。それは「計画学習」のひとつのモデルとなったものである。ティーフェンゼーに限らず、村の財政は貧しく学校の備品は乏しかった。ライヒヴァインと子どもたちの出会いのように、最初は机や椅子など必要な備品をつくったし、その後もすべての備品が作業学習の成果として整えられていった。しかし温室づくりとなるとそう簡単なことではなく、村の財政的な支援があるわけでもなかった。ライヒヴァインはこの作業過程を実践報告書『創作する子どもたち』(以下五一年版による――六一頁参照)に記している。そのあらましを紹介しよう。

作業学習の期間は三四年夏から秋まで数カ月におよぶ。温室をつくる計画は春から立てられていた。植物の栽培や観察、園芸の作業に必要であったからだ。折よく、学校の近くの古い煉瓦窯の煙突が壊され、絶好の機会となった。その煉瓦を校舎の後ろの学校園に運んで、温室をつくることが計画された。土を掘り下げる部分は四メートルと六メートルの二四平方メートルで十分だろうということになった。

建築計画と準備に向けて相談するために専門の職人が招かれた。左官屋と大工である。左官屋は通学する子どもの親であった。大工はこれまでも助言してくれたウェーバーという親切な中年の職人。ふたりの職人がそれぞれの道の実力者として協力してくれることになり、一緒になって考え、企画し作業の準備が整っていった。このとき教師ライヒヴァインは子どもたちとすべてを自力で成し遂げようとする態度を慎んだ。そうすることは専門職人の「本物の権威」を否定する行動となるからだ。自分を高みに置くのではなく、彼自身も学ぼうとした。

二四平方メートルの掘削の作業には多くの課題が生じた。個々の集団がそれに取り組み、ライヒヴァインはそれを方向づけた。課題には長さや角度の測定、面積や体積の計算が必要であり、さらに建築の諸問題が次々とあらわれた。彼らは考え抜いた。途中で大工の助言も仰いだ。

左官工事は、子どもの能力には高度な要求であった。厳密さ、鉛錘と水準器による不断の検査、廃材を使用するさいの配慮や要領など、見かけ以上に建築計画を成功させるに必要な作業であった。左官屋は定刻に来て忠告を与え、難しい点を説明し、さらに補正してくれた。

こうした作業において、手抜きや杜撰さ、無責任な思考や態度が許されないことを子どもたちが思い知る絶好の機会となった。作業の過程は、子どもたちには行動の規範を学ぶ学習ともなる

大工の助言による温室づくり.

のだ。

　問題はガラスの収集であった。採光範囲を大きくするため、たくさんのガラスを用いて木材を使わないことがスローガンにあったからだ。村のすべての家屋の家探しをしてガラスを運び集め、それらを切断し接合した。近隣の村の牧師館の改築で余ったという窓ガラスも運んできた。さらに、庭師の地下室にある屑ものとなった温床（苗床の一種）をもらい受けた。

　こうした建築の過程で、「ベルリン授業映画全国センター」から提供された、ガラスの再生、車輪の組み立て、家屋建築などの「教育映画」が利用された。映像によってイメージがさらに具体化され、見落とされていた作業が補充されたのである。

　温室をつくる作業全体が、ほとんど無から子どもたちで作業手段をつくり出し、捨てられた「ガラクタ」からでも、どれほど有用なものをつくることができるかを、〈生きた知識・技能〉として習得する模範的な例になったのである。

　冷たい秋風の吹くころ、ついに粗造りの建物ができた。廃坑のなかで見つけた古い円筒状の鉄暖炉で温められた仕事場を飾り立てて、完成を子どもたちは祝った。自分たちでつくった色とりどりのちょうちんの灯りが、ガラス屋根を通して満月の輝きと溶けあっていた。小さな家に子どもたちの歌声が響いた。達成感を共有できた喜びと一体感が満ちていた。左官屋と大工が一緒に粗末な食卓についていた。静かになった。ひとりずつ子どもが起立して感謝の詩を朗読した。

この家は／石とガラスでできています
隅の隅まできっちりと／寸法までもあっています
私たちが建てました／親方たちのおかげです
助けがもしもなかったら／一度の嵐でオジャンです
親方衆の三人が／導き教えてくれました
そこでこれらの人びとに、ぜひとも／お礼をしたいのです
私たちに手仕事の、指図をしたのは／左官屋と大工の親方衆
けれどもその気がなかったら／どんな仕事も活きません
とことんまでも計画をやり抜く勇気は／先生がしっかり与えて
くれました
それではみんなで一緒に、お菓子を食べて／コーヒーもいただ
くことに／いたしましょう

ちょうちんをつくる.

最後に子どもたちはお祝い行事の記念として、すべて韻を踏んでつくった詩集ノートを親方たちに差し出した。

完成した温室で植物の栽培をする.

ライヒヴァインは子どもたちと作詩について一度も話し合ったことはない、と記している。だがよっぽど嬉しかったのだろう。子どもたちの言語感覚や自由な言語表現の能力が備わっていることを、誇らしげにたたえている。

温室ができてからというもの、作業学習の課題領域がぐっと広がった。温室は花の異種交配の実験をするところ、学校園の空き地に植える植物の苗木栽培をするところ、最終的に春と夏の栽培の計画をたて、成長条件の多様性や生育の優劣などを観察するところ、となった。

夏の大旅行

ティーフェンゼーの教育で、夏休み中の二週間におよぶ旅行は、重要な行事である。学校での旅行というと、今日の私たちには日本の学校で広くおこなわれている修学旅行が思い浮かぶ。だが当時は、農村の子どもたちを対象とする旅行は画期的であった。

旅行は、彼が赴任した翌年の三四年から一〇～一四歳の上級学年生全員を対象に毎年実施された。この年は東プロイセンを目的地にし、一一人の学童に、近隣の学校から男子教員ひとりと「ドイツ女子団」の上級指導者の女性ひとりに付き添い役として協力してもらった。自転車での旅行とし、船と鉄道の旅費一切を含めてひとり当たり三〇マルク（当時の農村学校教師の月額俸給は三六〇マルク。正式にはライヒスマルクと呼称）。小遣い銭なし、挨拶用ハガキ代として小銭だけ許可、荷物は全員最低限度とし、合同荷物包みが用意された。教師も同様とした。貧しい家庭の二、三人の費用は減額され村役場で補填した。ライヒヴァインには、〈乏しい生活〉という共通の絆で結ばれていることが重要であった。この平等な条件であれば、子どもたちは旅先でみやげを買うなどの消費に気を取られることもないからだ。旅行のあと、子どもたちには各々体験の作文と報告書を提出させることにした。

ライヒヴァインは教育計画全体のなかでこの旅行を最も重視していた。彼にとって、夏の質素な大旅行は自身のワンダーフォーゲル体験を子どもたちにも追体験させることで共同連帯の精神を学ばせ、さらに村社会を超えた世界への視野を獲得させる目的があったからだ。彼は考えの一端を『創作する子どもたち』にこう述べている。

テントや自分でつくった森の小屋のなかで青少年時代のすばらしい一時期をみずから体験した人、干し草置き場で眠り、星空のもと徹夜でたき火をしながら、幾晩か過ごしたことのある人、そうした人びとであれば、仲間と溶けあい〈開放された狩り場（かつての領主の所有地）〉で過ごした青春生活に深く感謝しているはずである。この生活こそが深く心に浸みこんだ思い出となり、まさしくかけがえない学びとなったのだから。

貧しい農業労働者の子どもたちも、等しく参加の機会をもったことは当然である。さもなければ私たちはむしろ全員が旅行を中止しただろう。なぜなら私たちの教育においては共同社会という概念を、模範的にまじめに口先だけでなしに理解しようとしているからである。

ライヒヴァインは子どもたちに必要な予備知識を与えるために、春先から夏の終わりまで大旅行の準備をさせた。農家の干し草のなかでの眠りや、ユースホステルの折りたたみ式ベッドでの眠り、各自が所持するものに注意した荷づくりの仕方、一つ釜のものを食べ、飲むときは一緒に飲む、こうした具体的な旅行規則をはじめて子どもたちは学んだ。目的地については上級学年生全員との議論の結果、東プロイセン(現ポーランド・リトアニア・ロシア領)に決まった。当時、ドイツの飛び領地でバルト海に面しており、哲学者カントの住んだケーニヒスベルクで知られている。目的地の歴史や地理、文化などが調べられ、旅行案内書や写真、地図なども資料として詳しく検討された。こうした周到な準備を重ねて、夏の大旅行が始まった。

東プロイセンについて下調べをする.

東プロイセンには水路を選び、海から向かった。子どもたちに、これまで海を見たことのあるものはいなかった。昼も夜も外海で過ごした。沈む太陽と昇る朝日に光り輝く海、マストのまわりの朝空を揺れ飛ぶカモメ、子どもたちがこの航海で経験したことは、心のなかに忘れがたい像として焼きつけられた。

右の子どもたちが海と出会う場面は、ライヒヴァインが記したものである。実際に大旅行からの帰路について書いた一〇歳の男児の作文が残っている。紹介しよう。

列車がピラウ(現ロシア・カリーニングラード)の港に着きました。僕たちは自転車を船の前に運び、クレーンが一台一台を積み終わってから、乗船しました。どのようにして全部が詰めこまれていくのかを見て、みんなが驚きました。この様子を船上から見ることができて楽しかった。船は向きを変えて穏やかなバルト海に出航しました。僕はいろいろ楽しかった大地にもう一度目を向けました。大地はどんどん小さくなり、目から消えていった。いま僕のまわりは海だけで、船は波に揺れていました。

僕はみんなの荷物の置いてある船の後部の部屋に降りていきました。そこでみんなで食事をしたけれど、ひどくまずかった。きっと船酔いのせいだと思いました。友だちのディーターも僕のように顔が青ざめていました。疲れて、下に降りてベンチに座っていたが、寝ようとしたときに、船員さんに起こされて、「眠いのか」と聞かれ、「はい」と答えると、ほかの船員さんを起こして席を譲ってくれたので、横になることができました。目覚めるとソポト(現ポーランド)の港に入るところでした。五時半ころのことです。すぐにソポトを出航しました。腹をすかせたカモメが船のまわりを飛んでいました。まだ暗かったです。

その後船員さんがやってきて、「われわれは全員眠らないといけないが、心配しないように」と言いました。「君たちが目をつぶっていないと叱るからな」と注意されましたが、それが面白くて、何度も起きて座ってしまいました。朝四時半に、僕たちはいっせいに起きて、急いでデッキに行きました。太陽が昇り、海が光り輝きました。遠くに汽船が上ってくるのが見えました。最初はマストと煙突だけが見えて、次第に汽船が姿を現しました。地球は丸いことが、よくわかります。フラウエンブルク（現ポーランドのフロンブルク）のコペルニクス先生はやっぱり正しかった。遠くに最初の島が見えました。どんどん近くなってきました。本当に素晴らしいことを知ることができました。カモメが飛んできて船のまわりを飛んでいました。港にまもなく着くのです。

東プロイセンの大旅行の報告書をつくる．

素朴な文章だが、この子どもにとって行きと帰りの船旅を含んだ大旅行が、いかに楽しいものであったかは十分に読みとれる。

じじつ、夏の大旅行は子どもたちに共有された強烈な思い出となった。彼らの二週間の旅行体験は作文と報告書にまとめられ、そうした作業はさらに冬季の地理的歴史学習へ連なっていく。その学習効果が後々いかに大きいかは、想像にかたくない。

郡視学の学校査察と高い評価

温室づくりを終えて間もない三四年一〇月末、ティーフェンゼー農村学校はポツダム政庁学務部の郡視学ゲオルク・ヴォルフ（一八八二〜一九六七）の査察を受けることになった。ヴォルフはワイマル期には「ドイツ教員連盟」（国民学校教員の全国組織）の会長であった。ドイツ民主党員としてワイマル制を支える立場にあり、ベッカー文相とも知り合いで、そのためライヒヴァインをも知っていたようだ。ナチス政権のもとで「ドイツ教員連盟」も強制的同一化され、ヴォルフは会長を辞任したが、前年からポツダムの郡視学を兼ねていた。彼は混乱したワイマル議会民主制に失望してナチスに接近し、郡視学の地位はそのままであった。

結果としてライヒヴァインの直属の上司となった。だがヴォルフはナチ党員ではなかったし、過激なナチス教育の方針には、ある程度の距離を置いていた。知的教育の排除が学校教育の崩壊につながるのを危惧していたからだ。しかも彼は新教育・改革教育に理解があった。こうした事情がティーフェンゼー教育の評価に幸いしたのである。

学校査察の報告はポツダム政庁に提出されるが、ティーフェンゼー農村学校については三七年まで五回実施され、最初の査察が最も長時間におよんだ。前述したように、ライヒヴァインは「ハイル・ヒトラー！」と挨拶しただけではなく購読しているようにナチスの党新聞を教室内に積み重ね、精一杯ナチス体制に順応しているふうを装った。ヴォルフの報告書は詳細で三ページにおよぶが、その要点はこうである。

学童たちの朗読や話し合いの態度は生き生きとしている。私との会話や教師との会話にも、気取ったところがない。東プロイセン旅行を、彼らは楽しげに語った。旅行は支障なくおこなわれ成功であった。参加したドイツ女子団の上級指導者も大いに評価している。父兄のあいだでもこの旅行は大きな反響を呼んでいる。旅行は各教科の授業のなかで有効に活用されていた。

教師ライヒヴァインは国民学校の新しい課題に熱心に取り組み、よく働いている。学童の宿題の取り扱いにはまだ問題があるが、これについては彼に指摘し、その具体的な方法とあり方を提示した。結論としては当校が彼の指導により、知識面ではいま一歩だが、とくに精神面、技能面で大いに向上した。彼は村や父兄たち、村長や党地区指導者とも良好な関係にある。彼の指導で学校が公的な祭りや行事などの中心になっている。ヒトラーユーゲントの少年団指導部との関係も正常である。

ヴォルフがライヒヴァインにいだいた好感と高い評価は、先述の三五年九月と翌三六年七月、ライヒヴァインの転任を求める陳情書二通を拒否する行為に示された。ヴォルフにすれば、ライヒヴァインの教育活動を否定する理由は、何ひとつなかった。もともと悪意によるこじつけにすぎなかったのだから。

ヴォルフは最初の査察のあとも、四度ティーフェンゼーを査察しているが、いずれの査察でもライヒヴァインの教師としての力量を評価している。初回の査察で指摘した「知識面ではいま一歩」という指摘は、半年間授業がなかった事情からすればやむをえないことであったが、一年半後の三六年六月の三度目の査察報告では、諸教科全般が好成績をあげていることに言及し、「学童たちが他の単級学校にみられないほど知的によく訓練され、技能面でも向上している」と、高い評価を下している。

三七年一二月の最終査察報告は、簡潔にライヒヴァインの教師としての力量が農村学教師たちの手本となっていることをたたえている。

このようにみてくると、ライヒヴァインがナチス体制の枠に縛られながらも、ティーフェンゼーで教育に打ち込めたのは、ヴォルフの好意的な査察に負うところが大きいように思われる。ライヒヴァインを排除しようとするナチスの県知事の企みをしりぞけ、彼の教育活動を客観的に高く評価しているからだ。妻のローゼマリーも夫の仕事を回想録で語っている。「幸いなことに、ティーフェンゼーを所轄したポツダムの視学官(ヴォルフのこと)は、夫が自由に仕事をするのを認めていたし、夫の仕事の成果を喜んでいたのよ」

もっとも、ヴォルフの査察報告はナチスの世界観に矛盾しない次元で、「基礎的な学力の向上」と教師の力量について下した評価である。もちろん、ライヒヴァインにとって子どもたちの学力の向上は大きな喜びであるが、一歩踏み込んで、彼が子どもたちの学力向上に願いを込めて描いた世界は、ナチスとは相容れないものであった。

また、夏の大旅行にかんするヴォルフの評価は高かった。だが、それはナチスの東欧植民政策とは異なる、開かれた世界への視野を育てる意図を見抜いてのことではない。

ライヒヴァインにしても、このような自分の立ち位置を自覚していたから、ことさらに査察の評価を、ほかの農村学校教師たちに誇るつもりはなかった。

だがその一方でライヒヴァインには、自身の意に反してヒトラーの賛美や人種論を子どもたちに語る教師たちにたいして、ティーフェンゼーの教育実践を参考にしてほしいという思いはあった。子どもたちは〈興味の火花〉を点火される(＝動機づける)ことで、本来〈学び〉を喜ぶ存在なのだという確信があったからだ。

ライヒヴァインはハレ教育アカデミーでこのことを強調したし、それを学んだ少なからぬ若い教師たちが、いまなお農村学校や都市学校で教職についていることを知っていた。彼は教え子たちに、ナチスの教育原則に萎縮することなく〈子どもから出発する〉教師であってほしいと願っていた。もちろんその子どもは「民族共同体」に命を捧げる政治的兵士に育てられる存在ではない。子どもをそのように教え導くことは、教師の自殺行為であった。

だが現実にはナチスの同調圧力は強力であり、発言と行動を封殺された教師たちは、沈黙するほかなかった。そうではあっても、ライヒヴァインは彼らが耐えて、考えつづける勇気をもってほしかった。たとい声に出して賛成してもらわなくとも、そうした彼らのためにこそ彼は、実践報告を書きたかった。

実践報告を刊行しようとしたとき、彼の念頭には重要なテーマがある。教育界を吹き荒れるヒトラーユーゲントの学校攻撃である。それは、ライヒヴァインが強調する〈子どもから出発する〉という教育原則以前の、すさんだ事態であるからだ。一五歳以上のヒトラーユーゲントでなくとも、一三～一四歳の団員たちが年長グループにあおられて教師に反抗的、挑発的に行動したために、教育崩壊が各地に頻発していた。

ヒトラーユーゲントとの諍《いさか》いが絶えない学校の場合、まじめな教師であればあるほど、かかえる悩みは深い。なにしろ教師・生徒の信頼関係や、学級秩序がもともと崩壊した状況にあるのだから。このとき教職に絶望し学校を辞めようとしても、転職すること自体が反ナチス的だとみられ、容易に転職できない場合もあるだろう。問題は複雑で深刻なのである。

ライヒヴァインは、ナチスの青少年政策が生んだこうした状況に、じっと耐えて学校にとどまる教師たちに、いかにこの問題に対応すべきかを語りたかった。要するに、現状を憂える心ある教師たちに〈本来の教育〉のあり方を伝えたかったのである。

次章ではこのことについて述べることにしよう。

Ⅳ 『創作する子どもたち』――抵抗の教育

検閲をくぐりぬけて――ナチス的言語によるカモフラージュ

ティーフェンゼーの学校査察は全五回で終了した。この間、査察では問題点が指摘されなかったばかりか激賞され、ライヒヴァインはほっと息を継ぐことができた。

だが、内心では鬱々とした日々を過ごしていた。三五年五月、兵役義務(満一八〜四五歳)が復活した。翌年一二月には、男子一八歳のヒトラーユーゲントは少年兵となる準軍事組織として一八歳徴兵制の繋ぎとなった。さらに三六年八月にはかねてより計画されていた、戦争に耐えうる〈自給自足経済〉の確立(=四カ年計画)が本格的に始まった。こうした動向にライヒヴァインはつよい危機意識を感じていた。

ナチ当局はこれまでにまして言論統制をはかり、検閲も厳しくなった。実践報告を刊行しようとしていたライヒヴァインは旧友ハンス・ボーネンカンプにその内容について逐一相談していた。幸い、ナチスの検閲組織は統一性を欠き、権限が入り乱れていた。著作の検閲は、ナチスの「検閲委員会」とゲッベルス宣伝相傘下の「帝国文化院」の一部門「帝国著述院」の業務であったが、〈純然たる科学的著作〉は文部省の所管となっていた。ここに着目した。

ティーフェンゼー農村学校が「ベルリン授業映画全国センター」の実験学校であることは、さきに述べた。このおかげで、ライヒヴァインはようやく三七年一一月、代表作『創作する子どもたち』を、また翌年四月には『農村学校の映画』を、同センターの出版所を兼ねていたコールハマー書店から刊行することができた。所長ツィーロルトの尽力があったのはもちろんである。

さらに重要なことがある。ナチス批判を検閲で見抜かれないように、叙述の内容だけでなく書名についても、ナチス的言語や愛用語でもって偽装する必要があった。さもないと出版はおぼつかなかった。読者は彼の主著の書名についてなんら違和感を覚えることはないと思うが、この題名をつけるまでライヒヴァインは深く考えをめぐらしていた。

ここで突然ドイツ語について説明することは心苦しいが、我慢して読んでほしい。まず書名について。代表作『創作する子どもたち（シャッフェンデス・シューールフォルク）』というドイツ語書名は、「シャッフェン＝創作する・創造する」と「シューールフォルク＝（直訳すると）学校の国民」との合成語で、「創作する学校の国民」となる。なぜ「創作する」かだが、もともとの本文内容〈子どもの創作〉に加え、とくに三七年にナチ党が大々的にデュッセルドルフ市で国内博覧会を開催したさいのテーマが〈創作する国民！（シャッフェンデス・フォルク！）〉であったことだ。ライヒヴァインはこの博覧会のテーマを書名に組みこんだ。さらにドイツ語にいう「シューールフォルク＝学校の国民」は日常語にないことばだが、彼はヒトラーユーゲントの年少組織「ユンクフォルク」（少年団一〇～一四歳）との合成語として「シューールフォルク」の語を考案した（本来ならば「シューールキンダー」）。ナチス的なひびきをもたせ、ヒトラーユーゲントの関心をも惹こうという意図があった。なお本書で『創作する子どもたち』としたのは「学校（の）国民」が現代語としてなじまないからである（戦前日本の国民学校令で国民学校の生徒を「少年国民」略して「少国民」と呼んだのはナチスドイツへの連帯感からだろうか）。

ことほどさように、ライヒヴァインは出版にあたって、表現にナチス的言語や類似の用語、さらに軍隊用語を偽装用語として散りばめた。ここではそれを逐一例示しないが、少なくとも私がかつて初版を手にして感じたのは、子どもたちの作業学習をあらわす斬新な表紙に驚いたこと、一方で本文の内容叙述にあたって、一九三〇年代のナチス的な文体や愛用語をこれほど取りこまねば刊行できなかったのかということであった。とにかくわかりにくい。

また翌年刊行の『農村学校の映画――観察から造形へ』は、学校教育に「授業映画」をはじめて利用した活動内容に限定し、紹介した著書であったから、前作ほどカモフラージュしてはいない。それでも当時の軍隊用語を反映した言い回しが目につく。たとえば「序文」では「教育者」は「前線の男」と表現され、さらに「本文は、このような意味で最前線での奉仕を意図したものである」等々。

もちろんライヒヴァインの真意は、ナチス教育に内面では迎合しない教師に思慮深く読みとってもらうことにあった。そのために二重の意味内容の慣用語も多用されていた。「カメラート」と「カメラートシャフト」はその代表例だ。ライヒヴァインはこの用語をワンダーフォーゲル時代の「打ちとけた仲間」と「仲間集団」の意味で用いていたが、先述のようにヒトラーユーゲントの「僚友」と「少年兵予備小隊」としても読める。だから内容を深く読む人が読めばわかるということだろう。とはいっても、表現内容が意図的に曖昧にされ、巧みにカモフラージュされていたから、表面的には、反ナチス的であるどころか、むしろ親ナチス的な内容とさえみなされた。げんに、ヒトラーユーゲント指導部は『創作する子どもたち』を機関誌に紹介している。全国指導者シーラッハが嫌悪した教壇中心の知識教育をティーフェンゼー教育が否定して実践的であることに注目したほかは、内容が吟味されなかったからである。

ところが、終戦直後の一九四六年に彼の二冊の著書は、ベルリン学務当局から、内容が「ナチス的思想を含んでいる」という理由で刊行申請が許可されなかった。それほど彼の著書は読者が読もうとするときに、本全体の脈絡のなかで事柄を理解していく必要があったということである。

このため、戦後二冊の著書を出版するには内容を修正する必要があった。執筆内容についてもライヒヴァインの旧友ハンス・ボーネンカンプが本文に目眩し的に加えられていた箇所を最小限取り除き、内容を慎重に補正することで、執筆の意図も明確になり、五一年にようやく再刊された。ナチスの検閲を経て公刊された前例のない「反ナチスの抵抗」の書物は今日のドイツでは、教育史の重要文書として知られている。

ではライヒヴァインは実践報告書で実際に何を訴えようとしたのだろうか。以下、彼の代表作『創作する子どもたち』を中心にみていくことにしよう。

子どもたちの作業学習の姿をちりばめた斬新な表紙.

〈教師と子どもの関係〉とはどういうことか

『創作する子どもたち』の「序文」はこう記している。

連帯に役立てることがこの書物のねらいである。本書は農村の教育活動に勇気と喜びを与えようとするものである。われわれと同じように努力している人びとと志をひとつにして連帯すること、これこそがわれわれ教師を我慢づよく、仕事に不屈の決意をもって耐えぬくように、またどんな失望をも克服するように、勇気づけるものである。

この文章のキーワードは連帯である。連帯こそが絶望をしりぞけ勇気づける、と。ライヒヴァインは心ある教師たちに向かってナチス教育に屈服せず、本来の意味での〈人間形成〉をめざそうと、言外に訴えているのだ。本書全体を通じて、どこにもナチス教育に批判めいた文章はない。自分の活動が有利な状況のもとで成功した「例外的な事例」ではなく、どんな農村学校でもできることだけが強調されている。ナチスの改革案やヒトラーユーゲントにたいする批判書になることを避け、あくまで自分の活動の枠にとどめざるをえなかったからだ。

そこで同書が取り上げたテーマをみると、最初はやはり学校とヒトラーユーゲントの諍いという現実についてである。はじめに彼はティーフェンゼーの教育を引きあいに出して、それが「教師と子どもを基礎にして共同体となったもの」であり、「〈博識〉と〈無知〉、〈畏敬〉と〈忍耐〉、〈教壇〉と〈教室〉といった危険をはらんだ分裂状態が存在しない」ことを強調する。ここには「〈ヒトラーユーゲントの〉少年団と教師との軋轢」の現状とは異なる学校の姿が示されている。

では「軋轢」を克服した学校であるためにはどうしたらいいのか。

まず彼が立てた問いはこうである。社会の変貌と生活意識の変化がすすむ現代こそ、既成の価値や秩序の崩れた時代である。そうした時代にあって教師と六歳から一四歳までの子ども集団との〈肯定的な関係〉を、どうしたらつくることができるか。

これまで学校教師が公認の職業として教壇に立ってきたのは、制度的な形式にすぎない。体罰はその悪しき象徴であった。そこに間違いがある。もはや教師は、教師だからということで「権威」(＝強制力なしに他者を服従させる威力)をもっているのではないのだ。

いま教師に求められているのは、子どもたちに〈模範となる実績(＝教師の実力)〉を示すことである。この実績こそが子どもに自然な畏敬の念を呼び覚まし、秩序の基礎的な感覚(＝秩序感覚)を育てる。子どもには子どもなりの謙虚さがあり、その最も大切なものは、自分もかくありたい向上したいと思う、力量や能力にたいする敬意である。この敬意から子どもの全体的な謙虚さ、つまり「従順さ」も育っていく。健康な子どもであれば、従順であろうとするのである。子どもがことさらに教師の欠点を見つけようとか、悪口を言うなど「あら探しの誘惑」に負けて不従順になったようなときは、できるだけ早くその袋小路から解放されたいと、子ども自身が望んでいるときなのだ。そのためにも教師は子どもについて深く学び知る必要がある。

重要なのは、教師の確かな模範ないし力量こそが子どもを「従順さ」へといざなうということである。これこそが今日においても、教師と子どもの〈教育的関係〉を可能にする最高の形（＝権威）なのだ。

だがここでいう「従順さ」は、（ヒトラーユーゲントが求めるような）強いられた服従や兵士の態度と同じではない。「従順さ」とは、教師の実績に子どもが尊敬の念をあらわしていることなのだから。従順であることは、子どもの力量や能力の発達をうながす〈保証〉となるものである。それは、子どもに自分の世界に習熟しようとする意欲を呼び起こし、子どもたちの共同生活と学習活動が始まるきっかけとなるのである。

一方、教師も子どもにとって万能なのではない。仮に教師の子どもにたいする権威が語られるとすれば、それは教師のただあるがままの力量について、そのように呼ぶにすぎない。重要なのは、子どもが「教師自身も同じように向上しようとしていると身をもって知ること」である。さきに挙げた「温室づくり」の作業学習で、教師ライヒヴァインが職人の指示に従い子どもたちと一緒に行動したのは、「教師は何でもできる」「何にでも対応できる」という錯覚を子どもに与えるのではなく、「ともに探究している」という態度を示すためであった。

このことを、ライヒヴァインは学習の場面におきかえ、さらに強調している。

自分がもっとよくありたい、向上したいと子どもが活発に問いを発し、これに教師が積極的に応えようとするとき、ふたりには同じ目的をめざす〈内面的な絆〉が生まれる。それは垣根のない「隣人関係」と称すべきものだ。この関係においては、両者は同等の立場にはないが、共感しあう存在である。

したがって教師と子どもに成立する〈教育的関係〉とは両者の直接的、人格的なかかわりあいのなかにこそ求められる。表面的ではない、より深められた人間同士の関係と表現してよい。もとよりそれは社会一般の上下の人間関係と性格がまったく異なるものだ。だとすると、あらためて教師に問われるのも、単なる「知識の詰め込み屋」であることではない。求められるのは、子どもの人間的成長とその未来の開拓に助力する「教育者」としての教師の復権である（当時、知識教授者としての性格のつよい「教師」の語に代わる「教育者」はナチス教育で愛用語となっており、ライヒヴァインはこの事情をも勘案していた）。

この筋道からすれば、老齢の教師を排除して教師の「若返り」を要求するとか、みずからを「下からの指導」と主張して学校の「上からの教授（＝知識伝達）」を否定するヒトラーユーゲントの粗雑な論理は、成り立たないことになるだろう。

このように、ライヒヴァインはヒトラーユーゲントにたいする直接的な批判を避けながらも、学校に固有の教師と子どもの関係性を強調する。注意してほしいのは、それがけっして抽象的な「あるべき論」ではないことである。ナチス教育のもとで否定された〈教育的関係〉が、ティーフェンゼーにおいて再び生まれ、現実の姿となって息づいているからだ。

ナチス教育にたいする秘めた反論は、ヒトラーユーゲントの学校攻撃についてだけではない。これをティーフェンゼー農村学校で彼が守ろうとする障がい児について述べよう。

ひとりの障がい児を守る

ティーフェンゼー農村学校は作業集団からなる共同体である。ライヒヴァインは学習活動においても〈助けあう子ども集団〉に成長させようとした。この見地から教師と子どもの「隣人関係」を子ども集団全体に広げ、自在で開放的な〈協同の作業集団〉=「カメラートシャフト（仲間集団）」をつくることがめざされていた。異年齢集団の内部で、読み・書き・計算の基礎学習が遅れている年少児の小集団に、年長児が自発的に助力する関係は、その事例である。

ここで重要なのは、ティーフェンゼーの学校生活が弱者としての障がい児の存在を前提に共同化されていることである。この農村学校にはひとりの知的障がい児（当時そのようにみなされていた）が学んでいた。

すでにふれたように、ナチス政権誕生直後に「民族の浄化」を理由に制定された「断種法」は、三四年一月に発効された。これにより「断種を要する精神薄弱《ママ》の範囲内にある者は補助学校（=障がい者のための教育施設）に就学すること」となった。各学校には毎年「身障者情報」の提出が課され、教師による報告が義務づけられた。

そこで、ティーフェンゼーの場合である。知的障がい児とされた子どもの詳細はよくわかっていない。特定されていないが、女子の教え子によると、自分と同学年にひとりだけいた男児は算数がひどくできず、落ちこぼれかな、と思ったこと、ライヒヴァインは女子と男子を区別して扱わなかったが、その子にはいつも優しく接していたことが、記憶に残っているという。その子が障がい児として認定されていたのか否か実態は不明だが、補助学校への就学を迫られていたという。だがライヒヴァインは在職中それを最後まで拒絶し、もちろん夏の大旅行にも参加させた。その理由が実験学校としての性格を盾にとったものか、当時の「障害」の学問的な判別がいまだ論議されていたためかは不明である。

確かなのは、彼にとってナチスの人種論にもとづく「断種法」そのものが、しかも障がい児をその法の範疇に組み入れることが、すでに人道的見地からも耐えがたい施策であったことだ。もちろん当時この施策を直接に批判はできなかった。だが慎重に〈民族的な有用性〉というナチス的用語を交えながらも、障がい児の処遇という一点にしぼって、ライヒヴァインはこう訴えている。

教育共同体の価値と効果は、まぎれもなくそこで障がい児の置かれている状態から認められる。民族が全体としてまとまるためには、どの部分も必要である。それがごく少人数といえども、民族の力に注ぎ込まれるかぎり、大事になるのはいうまでもない。それは、われわれに委ねられた、分け隔てることのできない一群の人びとにきちんと配慮することでもある。農村で支援グループを設けずに成果をあげることがどんなに難しくとも、子どもはひとりとしてなおざりにされ、「隣人関係」から排除されてはならない。弱者をいたわり、支えることは、この「隣人関係」のもつ社会連帯の豊かさをあらわすものなのだから。

この文章から、ライヒヴァインが「隣人関係」のことばで包括した教育共同体の基本的な考えを理解できると思う。

子どもたちの目を世界に開かせる

さきに紹介したことだが、ティーフェンゼーの子どもたちは夏の大旅行を体験するまで、全員が海を見たことがなかった。子どもたちの驚きと感動はいかばかりかとあらためて思う。小さな村の生活圏のなかで生まれ育って学ぶ彼らが、はじめて接した外の未知の世界であったのだから。ライヒヴァインにはそうした彼らに大旅行を通じて、とくに村社会を超えた世界に目を開かせる目的があった。そのテーマは実践報告書『創作する子どもたち』でも、「郷土」(「生活共同体としての村」)の学習と、遠い「アフリカ」を題材とした学習とを関連づけながら取り上げられている。問題は、彼が子どもたちへの願いをどのような形で実現しようとしたかである。

このことに立ち入る前に、少し述べておくことがある。ナチスは農業を立国の基礎におく農本主義的な自給自足経済を掲げ、農村・農民重視の基本姿勢をとっていた(「血と土」の教義という)。だがそこには離村を迫られる農民、農村経済の疲弊という積年の問題があった。ヒトラーには、これを植民政策に具体化して農村住民をドイツ民族全体のために、侵略した東欧地域(ナチス的用語にいう「民族の生存圏」)に移住させ、指導層となってその土地をしっかり守らせる目的があった。

こうした政策の影響は農村教育にもおよんだ。三四年以降、地域的な措置として農村学校の授業改革案が多数作成されており、いずれも農民子弟の「郷土」意識を「民族意識」に集約させるという授業計画となっている。ここにいう「郷土」はナチス的な人種論に粉飾されて、「民族の基地」とか「防波堤」として位置づけられている。要するに「民族」に限定された閉鎖的な世界となっている。

一方、ライヒヴァインが「郷土のレリーフ」作成に加えて、冬季の学習計画に導入した「アフリカ」の題材は、右の改革案とは対照的である。彼は実践報告書で「民族の運命に意識的に根をおろす教育(ナチス教育用語による文の修飾である)が、最も近い郷土ときわめて遠い学習対象とでも関連づけられる」ことを例示した。大要はこうである。

アフリカはヨーロッパの植民地問題の焦点かつ食糧補給基地としてドイツ農村経済にも意義を増しているという見地から、店頭のカカオや落花生、鳥の渡りや航空路などによって子どもの視界に引き入れられ、彼ら自身の作成したレリーフを基本モデルに、動物の生息地ごとの配置や栽培植物の産出地帯の色づけなどの作業に具象化されていく。これに作家や詩人の作品によるヨーロッパ人入植者と大陸との交渉の歴史から現代までの学習、写真や統計図表、略地図など学習資料の分業的、共同的な収集と分類の作業がつづく。かくしてアフリカは「具象的な全体像」に凝縮され、彼らに「遠いが近くにある多くのものより身近な存在」となった。

こうした学習活動のねらいについてライヒヴァインは記している。

現代のわれわれもまた、わが農村の教育共同体にあって、世界というものを地域が歴史的に互いに条件づけられ補完しあって、いまもたとえばその電力をドイツに向けて送電しましたドイツの電力を受け取っているというような、互恵関係にある全体像のなかでとらえよう。

地球儀による郷土の学習.

右のことばには、ナチスによる改革案の民族的に閉ざされた「郷土」像をしりぞける姿勢が読みとれる。しかもこの姿勢は、一貫して「協調」を重視し自給自足経済を否定する経済学者としての立場に裏づけられている。なにより彼の互恵的な世界像には、寒村ティーフェンゼーも世界に開放されているという観点がある。

農村に育ち農村生活とその文化・民俗に深い愛着をいだくライヒヴァインには、子どもたちは農村を刷新する担い手とみなされてはいた。住民の啓蒙や農村文化の振興の行動もその一環であった。活力を失った農村の現実を目の当たりにしてきた農村教師の立場からも、それは当然のことだろう。子どもたちと一緒に伝統的な農村の祭りを企画して村全体の祭りに広げたのも、村びとを元気づけようとする思いがあった。子どもたちが目を輝かせて通学する姿が日常の光景となるなか、ライヒヴァインに向かって「わしらの子どもに学問は要らないよ」と放言する父母は、もはやいなくなった。

だが一方で、ライヒヴァインには農村という枠組みのなかに子どもたちをとどめおくことは、念頭になかった。彼が「子どもたちをただ、よく整えられた郷土にではなく、未来という彼ら自身がともに耕す開かれた大地へと導く」ことを強調するのも、そのためである。

実際、彼は子どもたちの目を世界に開かせるために、ティーフェンゼーが「ベルリン授業映画全国センター」の実験学校であり、自分が顧問であるという立場を十分に活用した。ゲッベルス宣伝相支配下の「国策映画」を体良《ていよ》く口実をつくって避け、同センターの「教育映画」に限定して、それを授業計画に積極的に取り入れた。たとえば鉄工業など大規模工業生産の諸条件や特徴を授業のなかで提示するなど、現代が国際的にも産業化（技術化・分業化）の時代にあることを、子どもたちに具体的に理解させた。当時黎明期にあった教育メディアによって、子どもたちは小さな村に居ながらにして、未知の世界を知ることができた。

それだけではない。彼には、産業化の時代の多様な労働の形式にたいして、基礎的な準備をさせようとする意図があった。そのために最大限、基礎学力を伸ばし応用的な学力の向上をめざした。これを、子どもたちの知識の習得と技能（表現・作業能力など）の発達と結びつけ、「創作」という活動によってうながそうとした。彼自身も製作にかかわり選択した映像は、そのための有力な手段となった。この教育成果の報告が『農村学校の映画――観察から造形へ』である。メディア教育がナチスのプロパガンダ映画とは無関係に、すでにこのような総合的な視野でおこなわれたことは驚くに値する。

主体的な自己であること

ライヒヴァインは子どもたちに、郷土が世界に開かれていることを示した。いうまでもなく、子どもたちを既存のナチス体制のなかに編入し順応させまいというつよい思いがあったからだ。

だが、現実のドイツはヒトラー独裁体制が依然として安定した状況にある。こうした状況下で、ライヒヴァインが心ある教師たちにナチス教育に対抗できる原則として提示できることが、一つだけあった。それは、人間が大人になる、つまり「成人化」するとはどういうことかの問いにたいして哲学者カント（『啓蒙とは何か』一七八四年）が応えている「自主的に考える人」を、子どもの将来の人間像としてあらためて提示することであった。彼は用意周到にナチスの愛用語「決断する力」の意義に言及して、文章をカモフラージュしたあとに、こう記している。

不確実な技術文明（＝現代のナチスドイツ）に生きる人びとには、これまで以上に自立することが求められている。（中略）将来に向けた準備として、子どもは年齢を増すにつれてその能力を自己の意思にもとづいて発揮でき、その人格を形成する過程においてつねに自己自身たるべきなのである。

このことばでもって、ライヒヴァインはヒトラー独裁体制に無批判に順応する安易な〈適応力〉ではなく、〈主体的に自己を形成する力〉を育成することがいまこそ必要となっているのだと訴える。通俗的な言い方だが、ナチスドイツのいまを生き体制を支持する人びとの「長いものには巻かれろ」の心的態度を否定し、未来に生きる子どもを、自分の頭で考え判断し自主的に行動できる人間に育てること、この人間形成の原則を確認しよう、と。それこそが、ナチス支配の時代に生きざるをえず、沈黙してはいるがナチス教育に迎合しない教師たちに、ライヒヴァインが心底語りたかったことであった。

ちなみに、彼の訴えは戦後の一九六〇年代ドイツにおいてよみがえっている。著名なユダヤ系思想家アドルノの「自律(＝成人性)への教育」の主張が、それである。彼は語っている。「反省し、自分で決定し、人に同調しない力」が、ナチスの蛮行を象徴する〈アウシュヴィッツ〉を再来させない唯一本当の力となりうるのだと(一九六六年ラジオ講演)。

ところで、ライヒヴァインが勇気をもって、ぎりぎりの表現でナチス教育に抗った実践記録『創作する子どもたち』および『農村学校の映画』にたいする反響は、どうであったか。反響はもっぱら『創作する子どもたち』に限定されている。さきにもふれたように、本書についてヒトラーユーゲントは機関誌『意志と力』で農村教育にかんする新刊書として紹介した。ただしそこでは「ヒトラーユーゲントの教育理想に新しい学校教育が従う道」をティーフェンゼーの教育が示している、とライヒヴァインの真意とは真逆に理解し評価している。カモフラージュされ二重の意味を含んだ叙述を表面的にとらえたためである。

また「全国扶養職分団」(農民層にたいする強制的同質化の組織で、農民啓蒙と農民文化の高揚の課題を負う)からも、本書は農村学校改革の要求に応じるものとして注目され、ライヒヴァインにこの「分団」の活動への協力要請まであった。だがナチス政策に直接に加担することは、彼にはできなかった。

一方、問題の「ナチス教員連盟」からは当初ほとんど反響がなかったが、三九年一月には「連盟」の全国的新聞から寄稿を依頼された。これについてもライヒヴァインはナチス教育政策に利用されることを恐れて依頼を断ったと、友人に手紙で語っている。

ティーフェンゼーを去るライヒヴァインと子どもたちへのことば

ライヒヴァインにはベルリンに多くの友人がいた。のちに「クライザウ・サークル」に結集する人びととも交友を絶やすことなく、彼らから開戦の準備がすすんでいる情報を得ていた。また三八年七月には、彼自身も軍事訓練に招集され（第一次大戦の傷病兵であったためにもともと兵役は免除となっていた）、さし迫る戦争の危機をつよく感じていた。戦争に向け精神的にも国民の動員が強引にすすめられる事態にあって、ティーフェンゼーの実験的教育の余地はもはや残されていなかった。彼が絶対的に否定した戦争に突きすすむヒトラー独裁体制のもとで、反ナチス教育の基盤は失われていたのである。このため彼の心は打ちひしがれていた。

そうしたなかで、ベルリンの国立民族学博物館に教育部門「学校と博物館」を新設し、その担当者としてライヒヴァインをあてる人事が打診されていた。

三八年一一月ポグロム（ユダヤ人大迫害）、三九年三月チェコスロヴァキア侵攻、さらに五月に独伊軍事同盟の締結など、唾棄すべき侵略戦争が現実のものになろうとしたいま、彼はついに積極的な政治的抵抗に参加する決断をした。「何もしないで闘う精神を失うとどうなるかを、これまでの人生から身に染みて悟った」からだと、その後、義父パラット宛の手紙に記している。

こうして、ナチス支配のもとで企てられたティーフェンゼーの〈教育の砦〉は、ライヒヴァインが三九年五月にベルリンの国立民族学博物館の新設部門「学校と博物館」部長に転出するにおよんで、閉ざされることになる（ベルリンに転出後、ティーフェンゼー農村学校には代行の教員が配属され、ライヒヴァインの死後彼は正式教員になった）。彼は家族と六年余生活し活動したティーフェンゼーを心から愛しており、父母住民や子どもたちとの別れはつらかった。はじめは警戒して接していた住民たちも、彼の去るのを名残惜しんだ。子どもたちは涙を流しながら村を去る彼の車のあとを追った。

そうした子どもたち一人ひとりのために、彼は詩集帳に人としての生き方にかかわる詩を記している。三年生の女子に書き与えたことばはこうである。

いつも自分を生かすようにつとめ／いつも助けの手を伸べるようにつとめよ
他者を傷つけることを避けよ／ただ助け合うことによってのみ幸福は花開く

共同体は大きく／一人ひとりの人間は小さい
共同体はその懐に／父なる運命と成功とを宿す

これを読むときに、あなたの教師アドルフ・ライヒヴァインのことを思い出しなさい。
ティーフェンゼーにて、一九三九年二月三日

順序が逆になるが、前年三八年卒業の八年生男子に書き与えたことばを挙げよう。

いつもしっかりと　たじろがず
みずから選んだ目標に思いをこらせ
真心を指針とし　静けさのなかで方向を定めよ
みずからが鍛えた意志こそが　君をつよくし
ゆるぎなく人生をかたどっていく
より大きな美徳によってこそ　人生の厳しさが和らげられる
すべての人間の善意こそが　真理をあらわす
他者の欠点をあげつらわず　できることのみを欲せよ

ティーフェンゼーにて、一九三八年一月一八日
アドルフ・ライヒヴァイン

以後、ライヒヴァインは博物館の展示活動と学校教育の連携という未開拓分野で、日夜精力的に仕事をしながら、ひそかに反ナチスの政治的行動へ、すなわち〈教育による抵抗〉からナチス打倒の政治的抵抗への道を歩んでいく。それは文字どおり死を賭した行動となった。

V　思い出のなかに生きるティーフェンゼー教育

独房からの手紙

一九四四年七月四日、ライヒヴァインはゲシュタポに逮捕された。ティーフェンゼーを去って五年有余あとのことである。以後三カ月余の心身ともに苦痛に満ちた勾留生活が始まった。逮捕された当初は共産主義者と接触したことへの告発であったが、「七月二〇日事件」のあと、事件と関係した容疑が浮上し、尋問は過酷さを増した。だが、彼は与する抵抗市民グループ「クライザウ・サークル」の存在とその行動について、沈黙を守った。その結果として、拷問で喉をつぶされ、声を失った。一度だけ面会を許された妻に彼が頼んだことは、血だらけの衣類の交換であった。

一〇月二〇日、民族裁判所長官フライスラーによって問答無用とばかりにライヒヴァインは「国家反逆罪」の死刑判決を下され、同日夕方処刑された。すでに形ばかりの担当弁護士を介して死を覚悟していた彼は、公判前の一六日、家族に二通の最後の手紙を書いている。妻と一一歳の長女レナーテに宛てたものだ。いずれも長文の手紙なので、ここでは省略を交じえ紹介しよう。まず妻ローゼマリーに宛てた手紙から。

愛するロマーイ、

九月二七日の手紙が（九月七日の父からの手紙と一緒に）日曜日に届きました。素晴らしいことです。子どもたちの様子を書いてくれた君の文を何度も読み返しました。（中略）父からの手紙は、私を元気づけるものでした。長く困難な人生を歩んだ人らしく、最後に、運命よりもつよくあれと、冷静な戒めが語られていました。

私はこれまで歩んだ人生に想いを馳せています。過ぎ去った数十年を想い、それがなんと豊かで美しかったかということだけが脳裏に浮かびます。辛かったこと、たとえばさきの戦争のことなどは、すっかり陰に隠れてしまいます。農村で過ごした健康で自由な少年時代のこと、遠出や近場の徒歩旅行をした「ワンダーフォーゲル」の一〇年間のこと、青少年時代の友情や、新たに親密な友情に結ばれたフランクフルト、マールブルク両大学時代のこと、ヨーロッパ・アメリカ・東アジアへの旅行という貴重な人生の贈り物のこと、四年間飛行機に乗り天空から世界を眺めたこと、こうしたなかにあって昼夜を分かたず研究活動をしたことなどがそうです。そして最後に、最も美しく豊かな思い出として、君や子どもたちと過ごした一二年間の月日があります。こんなに多くの機会に恵まれたことに深く感謝しています。誰よりも君に感謝と愛情を捧げます。

エードルフより

この手紙には、極度の虐待で衰弱し死を目前にしても、なお不屈の精神力と妻を思いやる愛情が滲み出ている。美しく豊かな思い出として一二年間が記されているが、無論その前半六年間はティーフェンゼー時代のことである。ベルリンへの転出後も、かの地での活動が脳裏に深く刻まれていた。村びととの交友や子どもたちの指導と心づかいなど妻の献身的な支えなくして、ティーフェンゼーの教育はなし得なかった。その妻とわが子たちとともに、四〇人の学童たちと過ごした思い出は、彼の心にずっと息づいていたのだ。それだけに獄中生活が過酷であればあるほど、その六年間はどんな苦痛をも鎮める至上の喜びの月日となって、よみがえっていたのだろう。

もう一通の長女レナーテに宛てた手紙。

愛するレナーテへ、

いまレナーテはゲッチンゲンのおじいちゃん(ローゼマリーの父パラット)のところにいるそうですね。みんなで仲良く過ごしていると知って、本当に安心しています。学校できちんと真面目に勉強すると、学校生活も楽しくなります。そうなるためには、毎日勉強するのを習慣づけることです。ヘッセン(ドイツ中部の州)にひとりぼっちで住むおじいちゃん(ライヒヴァインの父)に、ときどき手紙を書くことを忘れないで。おじいちゃんは孫たちからの便りがあると、いつも大喜びするのですから。ワンダーフォーゲルが生きる喜びの源であることを、知っておいてね。お父さんがしたように、若いときにドイツ中をまわることです。はやく始めるに越したことはないけれども、必ず年上の経験豊かな仲間と一緒に行動することです。

レナーテも機会があったら、いつも人には親切にしなさい。助けたり与えたりする必要のある人たちにそうすることが、人生でいちばん大事なことです。だんだん自分がつよくなり、楽しいこともどんどん増えてきて、いっぱい勉強するようになると、それだけ人びとを助けることができるようになるのです。これから頑張ってね。さようなら。

お父さんより

この手紙から何を感じるだろうか。ライヒヴァインが自分の人格形成に大きく影響したワンダーフォーゲルをわが子に勧めるのはもっともなことだ。注目してほしいのは、彼が勉強することの意味を「人を助けること」にあるのだと強調していることである。それは、彼が亡命の機会を他者にゆずるという決断、ティーフェンゼーの子どもたちに書き与えたことば、さらには広くティーフェンゼー農村学校を学び合い助け合う「教育共同体」に変えたこと、要するに彼の生き方そのものに一貫してあらわされている。そうした彼の利他の精神と行動は一致し、しかもぶれがない。崩壊目前のナチスドイツで人びとの気持ちは乱れすさんでいただけに、長女レナーテに諭《さと》したことばのもつ意味は重い。

ここでさらに述べたいことがある。今日、一方には幼少期からひたすら良い学校にすすむことだけを求めて走りつづけるか、他方には、経済的条件と相まって、学びを諦め、さらに学びから逃走するという現実がある。こうした両極のはざまに、「困っている人たちのために勉強する」というライヒヴァインの諭しを位置づけると、子どもたちが学ぶことについていだく気持ちはどうなるのだろう。このような問いかけを空論だとかきれいごとだと無視すべきではない、と私は思っている。

教え子たちの回想

終戦後、八〇年代後半から、再統一前の東ドイツでライヒヴァインを知る人びとや教え子たちによるラジオやテレビでの対談がおこなわれ、彼の活動業績が紹介されるようになった。だがソ連赤軍の激烈なベルリン侵攻の波に飲みこまれたためであろうか、教え子たちの大半は戦争末期には死亡したという。そうした事態にならないように、ライヒヴァインが命がけで反ナチスの政治行動をとっただけに、悲しいことだ。

九〇年代後半になると、生存する教え子としてティーフェンゼーにふたりの女性が、ひとりの女性がベルリンに住んでいることがわかった。三人のうち元気で記憶の確かなH夫人とM夫人に専門家による聞き取り作業がおこなわれ、ようやく詳細な録音記録を添えた調査記録とその分析結果が、ドリス・A・カルトヴェル『アドルフ・ライヒヴァインの教育学の主体的解釈――ティーフェンゼー学校の元学童たちの視点から』の書名で一九九八年に公刊された(未邦訳)。

本書でも、本文中に再三その調査記録を引用してきたが、最後に、ふたりの教え子の語るライヒヴァインについて、本文との重複を避けて紹介しよう。

H夫人は三〇年ベルリン生まれ、ティーフェンゼー育ち。母親は村の郵便局勤め。三六年から三年間ライヴァインに学び、四四年卒業。大旅行の体験なし。父親は三九年出征。四五年に占領軍ロシア人のもとで下働き、五〇年、母親のあとを継ぎ郵便局に勤務。ティーフェンゼー在住。

M夫人は二三年ティーフェンゼー生まれ。両親は村内でパン屋を営む。三三年から卒業まで三年間ライヴァインに学ぶ。商業学校に進学し、その後家業を継ぐ。結婚後、六一年八月「ベルリンの壁」がつくられる直前に西ベルリンに脱出。ベルリン在住。

●H夫人の証言の概要

父はナチス主義者であったが、ライヒヴァイン先生の教育には肯定的だった。五月と一二月の祭りを準備しそれを成し遂げたことが、学年全体の活動の頂点をかたどった。共同体的な雰囲気は素晴らしく、一緒になし遂げた事柄には誇りをいだいていた。ライヒヴァイン先生はいつも全力で教えてくれたが、けっして「知識の詰め込みに熱心な先生」ではなかった。年少の学童がわがままなときには、居残りや罰が与えられたが、「殴打の罰」はなかった。先生が学校でも私たちを「のびのびさせてくれた」ことは、確かである。

みんなが先生には不安や恐れをいだくこともなく、心から尊敬した。先生は、私たちが先生を批判することも認めていた。だが先生の指示には誰もが従った。だからといって、いいなりになったのではない。私には、妹と異年齢集団のなかで年長児から算数や運動を教えてもらった記憶が、いまでもはっきり残っている。先生のことばは母のことばより大事で、真剣に受けとめた。私たちと一体になって先生も成長しようとしていたから、一体感をおぼえた。

先生は私たち一人ひとりと「隣人関係」を築いたが、彼の権威にたいする尊敬があったから、教師と学童という「境界」は崩れなかった。先生は私たちをはっきり自分の考えをもつような人間、「開放的」であるような人間に教育しようとした。先生の教育を通じて自分に自信がもてるようになった。そうした人間の生き方を、私はたとえば東ドイツ時代の党幹部との話し合いでも卑屈にならない態度を身につけるなどの形で、ライヒヴァイン先生から学びとったと思う。

●M夫人の証言の概要

先生の豊富な人生経験や深い教養が「内容豊かな優れた教育」となって、私たちに伝えられた。授業は私たちを黒板に釘付けにするといった方式ではなく、私たちは自主的に学習したし、先生も黒板だけで説明することもなかった。先生は歴史の授業で、出来事の経過を可視化する作業課題を設け、「歴史の走馬灯」(年表)を創作させたことで、歴史が「生き生きとしたもの」になり、自分にとって大好きな教科になった。

手工を教えるために別の先生が学校に来ることもあった。授業は好天のときには野外でおこなわれた。クリスマスは特別の出来事であり、そのために私たちは近隣の学校の音楽の先生から、とくに歌唱について教えられた。それで学校間のコンテストで優勝できた。

夏の大旅行は私たちの学校生活にとって最も有意義なものとなり、素晴らしかった。おかげで学校では私たちのあいだにつよい共同意識があふれていた。

私たちの学力にたいする先生の要求は高かったが、卒業年次生には各自が遅れずに競いあっていけるように、つねに配慮していた。重視されたのは実践的な課業であり、一見すると学校教育に関係のないような事柄も導入された。温室づくりに職人さんが参加したことで、学校の学習と学外の生活を厳しく切り離すことがなくなったように思う。遠足の体験も、あとになって心に深く定着した。私たちは一人ひとりが作業するもの、たとえばある特定の花壇などに責任をもたされた。そのなかの最も美しい花壇を表彰するなど、私たちを動機づけるために「競争」させた。

先生には誰も不安や恐れをいだかなかった。「規律」が学校生活を支配していたが、それはけっして過度のものではなかった。全員が限度をわきまえ、その限度内で遊びをした。決まりを守らない者には文を一〇〇回書くことや、居残り、また耳を軽く引っぱるなどの罰が科されることもあった。だが体罰といわれるほどのものではない。

先生のおかげで学力向上への心構えができ、自分の意思で上の学校に進学することができた。

ライヒヴァイン先生は私たちの世界を非常に豊かにし、開放的なものにさせた。ほかの教師からなら学べなかったような多くのことを学び、体験もした。先生を通じて私たちは自分自身について考え、自信をもつようになった。

教師としての彼のすばらしさに魅せられて、たいてい自分の家にいるよりも学校にいる時間のほうが長かった。

以上、ふたりの教え子の証言の概要を紹介した。ふたりには七歳の年齢差と学年の差があったが、その内容は基本的に同じで、評価も共通している。つまり、ライヒヴァインのティーフェンゼー教育は文字どおり、教え子たちが語るような教育実践であったということだ。

ライヒヴァインについて二〇〇九年一一月に「非の打ちどころのない人物」と見出しを付けて

紹介したドイツの全国紙（FAZ）がある。げんにたとえばナチ党員バルクヘール部長でさえ「君が党員でないのは残念だ」と言ったという、彼の人間的魅力をたたえる逸話もある。そのことはおいても、彼が類まれな優れた教育者であったことは確かだろう。M夫人の語るように、教師となる前に悲喜《ひき》交々《こもごも》の豊富な人生経験と教養を積んでいたこと。人生が学校－教員養成－教師という一本道ではなかったからか、教師がとらわれがちな枠にはまった思考とは無縁の、柔軟な考えを備えていたこと。それを天性の教師の資質が確かなものにしたこと。そのようにして培われた全人格的な教育力が、ティーフェンゼーで発揮されたのだと思う。

結び

　現在ドイツには、ライヒヴァインの名を冠した教育施設や組織・団体は三〇余におよび、彼の著作集全五巻も刊行されている。またベルリンの教育史研究図書館の受付フロア正面中央には、彼の彫像が据えられている。それだけ彼の果たした歴史的な役割と存在が重きをなしているということだろう。

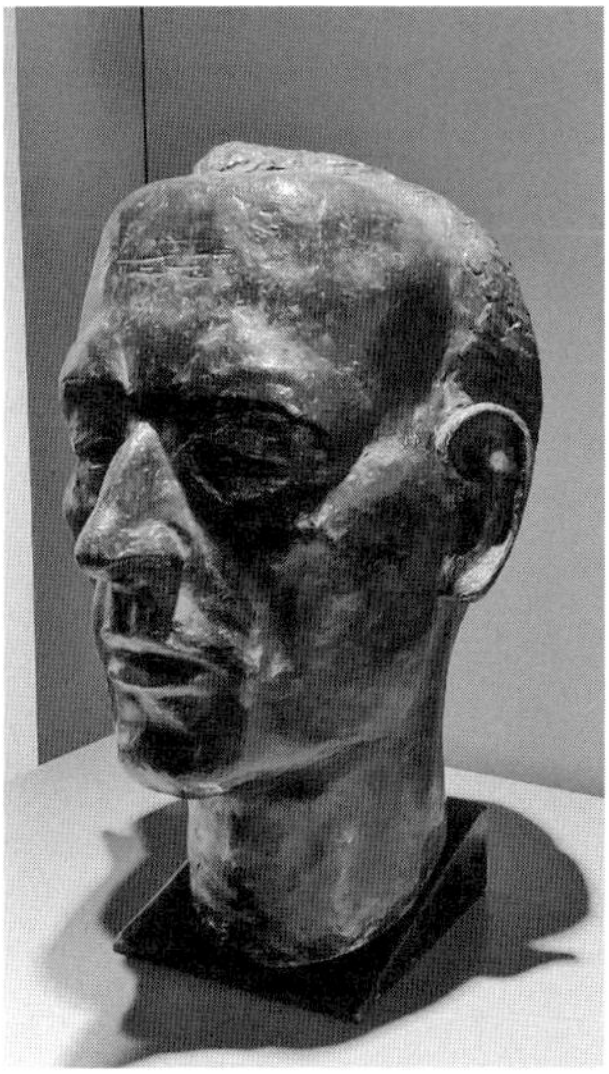

　ライヒヴァインは四六歳の生涯を悲劇的な死をもって閉じた。とはいえ、彼はその間、多岐にわたって先駆的な業績を残している。そうしたなかでティーフェンゼー教育の六年間が画期をなして

いることは、疑いない。ナチス支配の過酷な状況にあって、子どもを守ろうとする類例のない活動であったからだけではない。人間をモノや道具としかみないナチス教育に対抗する彼独自の活動（近年脚光をあびている先駆的なメディア教育も含む）は、成長した子どもたちの内面に豊かに実を結んでいるからである。

優れた〈人間教育〉は、学ぼうとする人の心に深く浸透し、やがてその後の人生に息づくものなのだ。この事実を知ることは、時代を超えいまを生きる私たちにとっても、大事なことである。

日本でライヒヴァインを知る人は少ない。私は故・長尾十三二教授を通じてライヒヴァインの存在に関心をいだいたのが最初だが、自分で調べるようになったのは、ライヒヴァインの長男ローラント・ライヒヴァイン氏と出会い貴重な資料をいただいたこと、ドイツの再統一後、ウルリヒ・アムルンク教授主導の研究フォーラムに参加できたことに拠る。またライヒヴァインについてより深く知りたいと思ったのは、ワイマル期までの著名な学者たちがナチス期には同調するか沈黙するなか、勇気をもって行動したその毅然とした生き方に感銘をおぼえたからである。そのような彼の生き方にはいまなお深い敬意をいだいている。

本書を通じて、ライヒヴァインが子どもたちと築いた〈開かれた教育共同体〉と彼らに願った〈主体的な自己〉の考えを、読者の皆さんが汲みとっていただければ幸いです。

付記

本書の叙述にあたっては，とくに以下の二著に多くを拠っていることを断っておきたい．

- ウルリヒ・アムルンク著，対馬達雄・佐藤史浩訳『反ナチ・抵抗の教育者――ライヒヴァイン 1898-1944』昭和堂，1996 年．
- 對馬達雄著『ナチズム・抵抗運動・戦後教育――「過去の克服」の原風景』昭和堂，2006 年．

引用出典

p. 49-50, 67, 69, 72＝アドルフ・ライヒヴァイン『創作する子どもたち』ブラウンシュヴァイク，1951 年(抄訳，ライヒヴァイン，クラット，長尾十三二・W. ウィルヘルム訳『自己形成の教育』明治図書，1989 年)．

p. 51-52＝『創作する子どもたち――学校の映画』ミュンヘン，1993 年，合本，改訂注釈版．

p. 53-54＝「ゲオルク・ヴォルフ査察記録」『ライヒヴァイン・フォーラム』2003 年 2 号．

p. 75＝ドリス A. カルトヴェル『アドルフ・ライヒヴァインの教育学の主体的解釈』ゲッチンゲン，1998 年．

p. 76, 78-80＝ローゼマリー・ライヒヴァイン他編『アドルフ・ライヒヴァインの生涯――手紙と文献にみる』ヴァインハイム，1974 年．

写真一覧

p. 3＝Theodor Rutt：*Adolf Reichwein: Ausgewählte Pädagogische Schriften*, Schöningh，1978.

p. 7, 9, 40 右上, 43, 44 上, 61, 70＝*»... in der Entscheidung gibt es keine Umwege«, Adolf Reichwein 1898-1944 − Reformpädagoge, Sozialist, Widerstandskämpfer*, Schüren Presseverlag，1994.

p. 17, 85＝筆者撮影.

p. 18, 40 右中, 44 下, 46, 47, 48, 50, 52＝Adolf Reichwein：*Schaffendes Schulvolk*, Georg Westermann，1951，Beltz Verlag，1993 (『創作する子どもたち』).

p. 32＝B. R. ルイス著，大山晶訳『ヒトラー・ユーゲント――第三帝国の若き戦士たち』原書房，2001 年.

p. 40 右下, 左下, 42＝H. Lenzen (Hrsg.)：Adolf Reichwein, *Film in der Schule − Vom Schauen zum Gestalten*, Westermann，1967.

p. 40 左上＝ライヒヴァイン・アルヒーフ.

對馬達雄

1945年生まれ．教育学博士(東北大学，1984年)，秋田大学名誉教授．

専攻　ドイツ近現代教育史，ドイツ現代史．

主著　『ディースターヴェーク研究――その初等学校改革構想とプロイセン議会』(創文社，1984年)

『ナチズム・抵抗運動・戦後教育――「過去の克服」の原風景』(昭和堂，2006年)

『ドイツ　過去の克服と人間形成』(編著書，昭和堂，2011年)

『ヒトラーに抵抗した人々――反ナチ市民の勇気とは何か』(中公新書，2015年)

『ヒトラーの脱走兵――裏切りか抵抗か，ドイツ最後のタブー』(中公新書，2020年)

訳書　『反ナチ・抵抗の教育者――ライヒヴァイン 1898-1944』(ウルリヒ・アムルンク著，共訳，昭和堂，1996年)など．

ナチスに抗った教育者
―ライヒヴァインが願ったこと

岩波ブックレット 1098

2024年9月4日　第1刷発行

著　者　對馬《つしま》達雄《たつお》

発行者　坂本政謙

発行所　株式会社 岩波書店

〒101-8002 東京都千代田区一ツ橋 2-5-5

電話案内 03-5210-4000　営業部 03-5210-4111

https://www.iwanami.co.jp/booklet/

印刷・製本　法令印刷　　装丁　副田高行　　表紙イラスト　藤原ヒロコ

ISBN 978-4-00-271098-3　　Printed in Japan

「岩波ブックレット」刊行のことば

今日、われわれをとりまく状況は急激な変化を重ね、しかも時代の潮流は決して良い方向にむかおうとはしていません。今世紀を生き抜いてきた中・高年の人々にとって、次の時代をになう若い人々にとって、また、これから生まれてくる子どもたちにとって、現代社会の基本的問題は、日常の生活と深くかかわり、同時に、人類が生存する地球社会そのものの命運を決定しかねない要因をはらんでいます。

十五世紀中葉に発明された近代印刷術は、それ以後の歴史を通じて「活字」が持つ力を最大限に発揮してきました。人々は「活字」によって文化を共有し、とりわけ変革期にあっては、「活字」は一つの社会的力となって、情報を伝達し、人々の主張を社会共通のものとし、各時代の思想形成に大きな役割を果してきました。

現在、われわれは多種多様な情報を享受しています。しかし、それにもかかわらず、文明の危機的様相は深まり、「活字」が歴史的に果してきた本来の機能もまた衰弱しています。今、われわれは「出版」を業とする立場に立って、今日の課題に対処し、「活字」が持つ力の原点にたちかえって、この小冊子のシリーズ「岩波ブックレット」を刊行します。

長期化した経済不況と市民生活、教育の場の荒廃と理念の喪失、核兵器の異常な発達の前に人類が迫られている新たな選択、文明の進展にともなって見なおされるべき自然と人間の関係、積極的な未来への展望等々、現代人が当面する課題は数多く存在します。正確な情報とその分析、明確な主張を端的に伝え、解決のための見通しを読者と共に持ち、歴史の正しい方向づけをはかることを、このシリーズは基本の目的とします。

読者の皆様が、市民として、学生として、またグループで、この小冊子を活用されるように、願ってやみません。　（一九八二年四月　創刊にあたって）

◇岩波ブックレットから

9784002710983
1920336006806
ISBN978-4-00-271098-3
C0336 ¥680E
定価（本体680円＋税）

社会が危険な方向に向かい始めたとき、次世代を育てる者はどう身を処すべきか。20世紀の新教育思想を身につけ、ナチス政権下で密かな抵抗を続けた一人の教師アドルフ・ライヒヴァイン（1898-1944）の生涯と実践に、私たちは何を学べるだろうか。暗い時代に輝き芽吹いた小さな村の学校の営みから、教育の不易の姿を描き出す。

岩波書店